70歳からの
人生相談

毒蝮三太夫

文春新書

1408

まえがき

ジジイもババアも悩んでる場合じゃないぞ。人生はこれからだ！

よお、調子はどうだい。

生きていればいろんなことがある。だけど、しかめっ面してたってしょうがない。怒りや恨みからは何も生まれない。笑顔で前を向いて、毎日を明るく楽しく過ごそうじゃないか。俺がこの本で伝えたいのは、そういうことだ。

ここでは「70歳以上が抱えている悩み」と「70歳以上の身内にまつわる悩み」を取り上げている。「人生１００年時代」と言われて久しいのに、「高齢者」をテーマにした悩み相談の本は、これまでなかったっていうじゃないか。

歳を重ねたからって悩みはなくならない。むしろ増えていく。だけど、悩める高齢者は、誰にも相談できないんだよな。若い人に聞いたって、慰めてはくれてもわかってはもらえない。人生の先輩に聞こうとしても、話が通じなかったりする。

俺は今年（２０２３年）の3月で87歳になった。まあまあベテランの高齢者だ。50

年以上前から、ＴＢＳラジオ「ミュージックプレゼント」の生中継を続けている。１万軒以上の店や会社を訪ねて、何十万人という「ジジイ」や「ババア」に会ってきた。専門家や介護施設の職員からも、よく話を聞かせてもらっている。

　しかも、遠慮しないでハッキリものを言うのが、俺の身上だ。年寄り自身の悩みや年寄りが関係する悩みに答えるのは、俺に与えられた使命なんじゃないか。だんだん、そう思えてきた。それぞれの回答には、ちょっとおこがましい言い方になるけど、「毒蝮三太夫」だからこそ言えることを盛り込んだつもりだ。

　まずは目次を見て、41本の中から自分と重なっている悩みのページを読んでみてほしい。その次は、自分が子どもたちの世代に抱えさせているかもしれない悩みや、逆に自分が親世代に抱えさせているかもしれない悩みを探してみてくれ。相手の悩みに気づくきっかけになるはずだ。

　ほかの悩みのページも読めば、「悩み」を客観的に見ることができるだろう。人間ってのは、わざわざ自分から悩みを背負ってしまうことがあるんだなとか、追い詰められると物事を悲観的にしか見られなくなるんだなとか、年寄りっていうのはどうしても頭が固くなるんだなとかね。

悩みをどうするかも大事だけど、同時に考えたいのが「より良く生きる」ための算段だ。最後の章では「マムシ流　愛される年寄りになる12の極意」を紹介してある。有名無名関係なくこれまで出会った人たちに教わったことや、俺が常日頃考えていることを12の項目にまとめてみた。

「愛される」といっても、まわりに媚びようって話じゃない。「愛される年寄り」は、他人や自分や世の中を「愛せる年寄り」でもある。受ける愛や与える愛が多ければ多いほど、人は幸せになれると俺は思う。胸を張って自分らしく生きるための極意と言ってもいい。年寄りだけじゃなくて、若い人にも当てはまるはずだ。

人生は無限じゃない。いつかは終わりが来る。悩みを抱えたままじゃ、死んでも死に切れない。悩みごとや困りごとと上手に折り合いをつけて、良く生きるための努力を重ねて、毎日を精いっぱい楽しく生きていこう。

ジジイもババアも、人生はこれからだ。これからの人生で、今日がいちばん若いんだ。「精いっぱい楽しく生きた」と思いながら、次の旅に出ようじゃないか。

目次

まえがき　3

第1章　高齢者だって悩んでいる　13

東京に住む娘夫婦に北海道から野菜をたくさん送ったら迷惑がられた　14
口を開くと文句や悪口しか言わない友達ともう付き合いたくない　19
オレオレ詐欺に引っかかって自己嫌悪。周囲ともギクシャクしている　24
いい歳をして訪問介護のヘルパーさんに恋心を抱いてしまいました　28
息子夫婦がいつまでたっても新居に呼んでくれないのはなぜなのか　32
45歳の長男と43歳の長女が結婚していなくて、とても心配です　36
「もし認知症になったら」という不安がどんどんふくらんでしまう　41

同居の娘婿が私を無視する。独り暮らしをしたいがお金がない　46
私を「ばあさん」と呼ぶ夫が許せない。どう言えばやめてくれるか　50
乏しい貯金と年金で今後も暮らしていけるのか、将来が不安です　54

第2章　親に悩まされている子どもたち　59

独り暮らしの83歳の父を介護施設に入居させたいが本人が拒否する　60
70代の両親が使わない健康器具や調理家電を通販で次々に買っている　65
82歳で独り暮らしの義母が近所のボーイフレンドの家に通っている　70
ともに80代の両親がお互いに相手の悪口ばかりを聞かせてきて辛い　74
70代の両親がしょっちゅう家に来ては子育てに細かく口を出してくる　79
80歳近い義母が50代の義兄の世話をあれこれ焼いてるのは変だと思う　83
父が70歳でリタイアしたものの「抜け殻」になって、母に離婚されそう　87

70代の両親は年金が月12万円。自分も援助する余裕がなくて辛い　91
母親が80歳になった。近ごろ外出するのを嫌がるようになって心配だ　95

第3章　介護で苦しまないための心得　101

認知症で別人のようになった85歳の母親に嫌悪感を抱いてしまう　102
88歳の父は横柄な性格で顔を見るだけで腹が立つ。もう縁を切りたい　107
子どもの頃からずっと両親が大嫌い。親不孝な自分も嫌でたまらない　112
77歳の母親とやがて一緒に暮らすことを考えると死にたくなる　116
自宅で介護している90歳の義父が〝犬食い〟する姿を見るのが辛い　121
兄をひいきし続けてきた82歳の母親への憎悪が苦しい。兄も憎い　125
病気で倒れた62歳の父親の介護が必要になり結婚が難しくなった　129

第4章　高齢の親との上手な付き合い方　135
両親の介護にきょうだいが協力してくれず独りで面倒を見ないといけない　136
5年前に離婚。今、再婚したい相手がいるが、80代の両親に切り出せない　141
マムシさんが考える「素敵なオバサン」の条件を知りたい　146
介護施設で入所者に愛を込めて「ジジイ」「ババア」と言ってもいいか　151
働いている介護施設での入所者の暴言や暴力で心が折れそうです　155
開業の計画に口出ししてくる義母。何も言ってくれない夫にも腹が立つ　159
離れて住む息子夫婦が子育てについて何も相談してくれなくて心配　163
内孫ばかりかわいがる義父母も、寄生している義兄一家も大嫌い　168
第5章　やがて訪れる「死」とどう向き合うか　173
夫が突然死したショックから立ち直れず、何もかもうまくいかない　174

妻が先立って独りになった。自分が生きている意味が見つからない　178
80歳になりました。やがて必ず訪れる「死」が怖くてたまりません　183
長年の親友を亡くしてふさぎ込む77歳の父を元気づけてあげたい　188
癌で余命数カ月の夫が暴言を投げつけてくる。どう接すればいいか　193
80代の親は「もういつ死んでもいい」が口癖だがリアクションに困る　198
夫婦で一緒に終活をしたいのに、なぜか妻が乗り気じゃない　203

第6章　マムシ流　愛される年寄りになる12の極意　209

極意その1　愛嬌とユーモアを忘れない　211
極意その2　無理してカッコつけずにスキを見せていい　213
極意その3　人の家に行くときは面白い話を手土産にする　215
極意その4　「やさしいウソ」は人間関係を円滑にする　217
極意その5　誰に対しても「公平」に接する　219

極意その6　自分の気持ちは口に出して相手に伝える　221
極意その7　3つの〝いじ〟を全力で遠ざける　223
極意その8　積極的に口に出したい3つの言葉　225
極意その9　年寄りが目指したいのは「民芸品」　227
極意その10　会話や笑顔という水と肥料で愛情や尊敬という木が育つ　229
極意その11　ありのままを受け入れる　231
極意その12　独りでいることを楽しめる年寄りになる　233

あとがき　236

構成　石原壮一郎

第1章　高齢者だって悩んでいる

――東京に住む娘夫婦に北海道から野菜をたくさん送ったら迷惑がられた（80歳、男性）

【お悩み1】

東京に住む娘夫婦に北海道から野菜をたくさん送ったら迷惑がられた

妻を5年前に亡くして、独り暮らしです。北海道に住んでいるので、農産物はいい物が安く手に入ります。東京に住む娘夫婦に、旬の玉ねぎやジャガイモなどを送ると、「気持ちは嬉しいけど、こんなにたくさん食べられない」と文句を言われます。

段ボール箱にたくさん入れて送っていますが、近所や知り合いに配れば喜んでもらえるはずだし、少しだけ送るなんてケチ臭い真似はしたくありません。とくに今年は玉ねぎが高いと聞いて多めに送ってやったのに、そんなことを言われるとは思いませんでした。

いちばん悲しいのは、我が子が親の好意を素直に受け入れられない人間になってしまったことです。どうすれば私の気持ちをわかってもらえるでしょうか。

（80歳、男性）

■一方的に怒っていないで、相手の状況や気持ちに想像力を働かせよう

おとっつぁんとしては、かわいい娘に北海道のうまい野菜をたくさん送ってやりたいんだな。おとっつぁんは「親の心、子知らず」と思って怒ってるかもしれないけど、**俺から見ると「子の心、親知らず」だ。**親知らずったって、歯の話じゃないぞ。

娘夫婦は東京にいるんだろ。近所付き合いの形は、北海道とは違うよ。「田舎から送ってきたから」って近所におすそ分けするって習慣は、ほとんどなくなったんじゃないかな。それはいい悪いじゃない。時代の変化と地域ごとの習慣の違いだ。

「どんどんあげればいいじゃないか」と思うかもしれないけど、もらったほうはお返しの心配をしなきゃいけない。だからあげるほうだって、負担をかけちゃいけないと考えて気をつかっちゃう。**物をあげたりもらったりの関係がデキちゃうと、お互いにわずらわしいって一面があるんだよ。**

娘夫婦としては、父親の気持ちがこもった野菜だから無駄にしたくない。だけど、

悪くならないうちに食べきれる量じゃないとなれば、さぞ困ったと思う。「こんなにたくさん食べられない」と言うのも、勇気がいったはずだ。怒ってないで、そういうことに想像力を働かせてあげなきゃ。

我が子が「親の好意を素直に受け入れられない人間」になったわけじゃなくて、**おとっつぁんが「子どもの声に耳を貸さない人間」になってるんじゃないかな。**

そもそも戦争中や終戦直後じゃないんだから、今の日本で食べ物がなくて困るってことはない。おとっつぁんは子どもを思う気持ちを箱に詰めて送りたいんだよな。その気持ちは娘さんも嬉しいはずだ。だったら気持ちの押し付けみたいなことをしないで、いろんな野菜を少しずつ入れてやるとか、相手にとってありがたい形を考えてやらないと。

頭をやわらかくしてやり方を変えれば、娘夫婦も心から感謝してくれるよ

ちょっと話は違うけど、ウチの親父の実家は横浜のはずれのほうにあった。親父はいつも「あそこんちでメシをおかわりすると、俺は少しでいいって言ってんのに必ず山盛りにしやがるんだよ」って文句言ってたな。向こうにしてみれば「遠慮して言ってるんだな」と思って、気を利かせてたくさん盛ってくれてるわけだ。

日本人はそういうふうに、**相手の気持ちを慮《おもんぱか》って気をつかったつもりが裏目に出ることがよくある。**自分の常識や習慣に疑問を持たないことや、相手が遠慮して言ってるのかそうじゃないのかを一歩踏み込んで想像しようとしないことが、行き違いを生むわけだ。

ウチの親父も「少しでいいって言ってんだから、少しよそってほしいに決まってんじゃねえか」って、自分の常識を押し通すばっかりでちゃんと説明しないから、そんなことになる。

年寄りに大事なのは、柔軟性と想像力、そして〝違い〟を理解する力だ。自分の感覚がすべてだと思っちゃいけない。相手がどういう環境で暮らしてて、野菜をたくさん送ったらどうなるかも想像しなきゃ。

「俺はたくさん送りたいんだ。もらう側が文句言うな」っていうのは、送る側の自己満足だよ。**今のままだと「大きな荷物、大きな迷惑」になっちゃうだけだ。**

キツイことを言ったけど、娘夫婦に野菜を送ってやりたいだなんて、いい父親じゃないか。独り暮らしだと、誰も「そんなに送ったら相手が困るよ」って言ってくれないもんな。

頭をやわらかくして、意地を張るのをやめて、ちょっとやり方を変えてみよう。そうすれば、娘夫婦も「ありがたいな。嬉しいな。いいお父さんだな」と心から感謝してくれるよ。

【お悩み２】

口を開くと文句や悪口しか言わない友達ともう付き合いたくない

なにかというと文句や悪口ばかり言う友達がいます。その彼女からしょっちゅう食事に誘われるのですが、会うのが憂鬱になってしまっています。もう長い付き合いなのですが、最近ますます愚痴っぽくなってきています。楽しい話題に切り替えようと思うのですが、私は話が下手で、だいたい聞き役になってしまいます。

その友達の話を聞くのがもう苦痛なのですが、誘いを断るのも気が引けます。どういう対応をしたらいいでしょうか？

（71歳、女性）

■親しい間柄で「言わぬが花」は当てはまらない。はっきり指摘しよう

会ってるあいだじゅう文句や悪口を聞かされるわけか。そりゃ、たまんないな。でも、あなたはやさしい人なんだね。嫌だと思いながらも「うんうん」って聞いてあげてる。俺だったら「うるせえ、いいかげんにしろ！」って怒鳴りつけちゃいそうだ。怒鳴りつけるのはよくないけど、はっきり言ったほうがいいよ。「そういう話ばっかり聞きたくない」って。**相手は自分があなたに嫌な思いをさせていることに気づいてないんだから。**もしかしたら、いつも聞いてくれるから、あなたもネガティブな話題が好きだと思われてるかもしれない。

適当な口実をつけて誘いを断る方法もあるけど、それはあんまりお勧めしないな。相手は「どうして最近、付き合いが悪くなったのかしら」と不思議に思うし、あなただって後ろめたさを抱えることになる。それに長い付き合いってことは、その彼女は悪いところばっかりじゃなくて、いいところもいっぱいあるわけだよね。

あなたにとって大事な友達のひとりなんだから、**お互いがモヤモヤしたまま疎遠になるのはよくない。ウジウジしたまま付き合い続けるのもよくない。**「これからもあなたとは長く付き合っていきたいから言わせてもらうけど」って前置きして、「もっと楽しい話がしたい。悪口や愚痴ばっかり聞くのは辛いの」と話してみよう。

「そんなこと言ったら、相手が怒るに違いない」と、あなたは思うかもしれない。怒ったっていいんだよ。怒って「もう会わない」と言われたら、相手はあなたのことを「何を言ってもいい便利な聞き役」としか思ってなかったってことだから。

「そんなこと言ったら怒るに違いない」と決めつけるのは相手に失礼だ

「言いたいけど言えない」っていうのは昔から悩みの定番ではあるけど、まったく生産性がない。**自分の中で悩みをぐるぐるさせているだけで、解決には一歩も近づかないからね。**大げさに言えば人生の無駄遣いだ。

だいたい「そんなこと言ったら怒るに違いない」って決めつけるのは相手に失礼だ

よ。言えなくてストレスをため込むのは、自分に失礼だ。

友達にせよ夫婦にせよ、親しい間柄で「言わぬが花」は当てはまらない。何を考えているのか、何が不満なのかは、言わなきゃわからないよ。**「態度で察してほしい」と期待しても、相手は「なんか感じ悪いな」と思うだけだ。**自分の勇気のなさを棚に上げて、「どうして察してくれないの」と相手を責めるのは、あまりにも虫がいい。

「こう思ってるの」とちゃんと話したら、案外「そうだったのね。早く言ってくれればよかったのに」ってことになるんじゃないか。俺はそう思う。もしかしたら、相手も「じつは、私も前から言おうと思ってたことがあるの」と、あなたに直してほしいところを言ってくれるかもしれない。それはそれでありがたいよね。

夫婦でも会社の上司でも、おかしいと思うことや不満に思ってることは、口に出して伝えたほうがいい。そういうときは、落ち着いて話すことが大事だ。ため込み過ぎて爆発しちゃったら、言いたいことが伝わらないだけじゃなくて悪い印象しか残らない。早めに伝えて相手の考えを聞けば、たとえ自分の意見とは違ってたとしても納得することができる。

何にせよ、人生は納得ずくで歩いたほうがいいよ。腹で思ってないで、言葉にして相手に伝える。自分の思い通りにいくとは限らないけど、**相手の考えを聞けば、たとえ疎遠になっても「じゃあしょうがないな」って納得はできるじゃない。**

あなたもその彼女に思い切って話してみよう。納得ずくの新しい関係がスタートして、きっとこれからも長く付き合っていけるよ。

人生に大事なのは納得だ。そして朝めしで大事なのは納豆食うことだ！

【お悩み3】

オレオレ詐欺に引っかかって自己嫌悪。周囲ともギクシャクしている

82歳の男性です。先月「オレオレ詐欺」に引っかかってしまいました。被害額は50万円ほどで、それほど深刻な額ではないのですが、まんまと騙されたことにショックを受け、激しい自己嫌悪に苛《さいな》まれています。これまではテレビで「オレオレ詐欺」のニュースを見ながら、騙された人のことを笑っていたのに……。

それ以来、妻の態度がよそよそしくなりました。私に幻滅したのかもしれません。息子夫婦が隣りの市に住んでいますが、心配かけてもいけないので、内緒にすることにしました。ただ、隠し事があると顔を合わせづらくて、以前より疎遠になっています。毎日落ち込んでいます。どうすればいいでしょうか。

（82歳、男性）

■ショックだろうけど、今は「二次被害」を最小限に抑えることが大事だ

たしかに、ニュースでは何千万円とか何億とか言ってるから、50万円だと「深刻な額ではない」と感じるかもしれない。でも、50万といえば大金だよ。十分に甚大な被害だ。そりゃ、ショックを受けるのも仕方ない。

オレオレ詐欺が厄介なのは、金銭的被害だけでも深刻なのに、被害者をさらに苦しめる「二次被害」をもたらすところだ。知り合いに聞いた話だけど、**オレオレ詐欺に引っかかったおばあちゃんが、自分を責めて、身内からも「なんで引っかかっちゃったの」って責められて、とうとう自殺しちゃった。**

オレオレ詐欺に引っかかったのをきっかけに、いろんなことに自信を無くして、家族との関係もギクシャクして、鬱状態になってしまうケースも多いらしい。まったくタチの悪い犯罪だよ。**絶対に撲滅しなきゃいけない。**

俺も目黒警察署に頼まれて、「特殊詐欺被害防止メッセージ」っていうのを録音し

たことがある。広報車で区内を回って、俺のメッセージを流したらしい。そしたら被害の件数が減ったんだって。ちょっとはお役に立てたみたいでよかったよ。

　ああいう犯罪は、騙しのプロがあの手この手で、人間の心理のスキを巧みに突いてくる。**騙された側は不運な条件が重なっただけで、何も悪いことはしていない。だから自分を責める必要はないんだよ。**

　はっきり言って、お金はもう返ってこない。あなたにとって、今いちばん大事なのは「二次被害」を防ぐことだ。思い悩んで心や体の病気になったら取り返しがつかない。奥さんがよそよそしいっていうのは、きっと思い過ごしだよ。落ち込んでいるあなたにどう接していいか、戸惑ってるんじゃないかな。

息子夫婦に隠したままだと掛け替えのない「大事な宝」まで失うことになる

　息子夫婦にも、ちゃんと話したほうがいい。慰められるか責められるかは、相手次第だからわからないけどね。責められたとしても、いちおうしおらしい態度は取りながら、**腹の中では開き直ってればいいんだよ。悪いのは騙すほうなんだから。**

　このまま息子たちに隠したままだと、どんどんギクシャクするだろうね。奥さんだって、息子夫婦と会うたびに隠し事の片棒を担がされて気の毒だ。家に遊びに来てくれても楽しく話せなくて、だんだん実家に寄り付かなくなったら、掛け替えのない「大事な宝」まで失うことになる。勇気を奮って「じつは……」と伝えよう。

　逆にもし身内がオレオレ詐欺に遭ったとしても、絶対に責めちゃいけない。**責めたところで、落ち込んでる被害者を余計に追い詰めて「二次被害」を招くだけだ。**「ケガがなくてよかったよ」ぐらいのことを言って慰めてあげよう。

　もちろん、反省は大事だ。二度と同じことを繰り返さないように、どういうことに気を付けるか話し合っておいたほうがいいだろうね。あやしいなと感じたらすぐ電話を切るとか、息子に連絡するとか、そもそも知らない番号の電話には出ないとか。

　最近は年寄りだけじゃなくて、若い世代の被害も増えている。**誰も「自分は大丈夫」なんて言い切れない。**みんなが気を付けなきゃいけないんだ。それにしても腹が立つよな。あんなことをしてるヤツらは、絶対にいい死に方しないよ。

【お悩み4】

いい歳をして訪問介護のヘルパーさんに恋心を抱いてしまいました

妻は5年前に先立って、今は独り暮らしです。いい歳をしてお恥ずかしいのですが、女性に恋心を抱いてしまいました。まさに老いらくの恋です。訪問介護で家に何度か来てくれたヘルパーさんで、とても気が利くかわいらしい人です。年齢はおそらく50代です。さりげなく聞いてみたところ、バツイチで今は独身とのことでした。

とはいえ、告白してもどうにもならないことはわかっています。気持ち悪がられるのがオチだし、二度と来てもらえなくなるでしょう。自分の気持ちにどう整理を付ければいいのかわかりません。毒蝮さんは奥さんがいらっしゃるので事情は違いますが、別の女性に淡い恋心を抱くことはありますか？

（77歳、男性）

■恋心、大いにけっこう。でも距離を縮めることだけが成就じゃない

けっこうな話じゃないか。大いにけっこうだよ。ぜんぜん恥ずかしいことじゃない。ただね、その人に気持ちを打ち明けたり食事に誘ったりしたら、相手は困っちゃう。あなたが言うように、もう会えなくなるだろうね。

今のまま、淡い恋心を抱いているのがいいと思う。**言ってみれば、見返りを求めない無償の愛だよ。**相手が嫌がらなければ、ほんのちょっとしたプレゼントをするぐらいはいいんじゃないかな。お金をかけたプレゼントをしたらビックリされちゃうから、もらったお菓子のおすそ分けとか折り紙とかね。

恋心っていうのは、いくつになっても必要だ。老人ホームにいるジジイやババアだって、憧れの異性がいたり好きな人と食堂でそっと手をつないだりして、それが元気の素になっていることは多い。

なになに、俺もカミさん以外の女性に淡い恋心を抱くことはあるかって？　**そりゃ**

あるよ。しょっちゅうあったし、これからだってないとは言えない。

ただし、そういう気持ちになったからといって突っ走るのは、いい大人がやることじゃないよね。プレゼントをあげるにしても、ほかに何人もいる中でひとりにあげたら、その人の立場が悪くなっちゃう。

そんなふうに相手を気づかいながら、向こうも何となく察しているようないないようなっていうのがいいじゃない。だけど、たとえばご飯食べに行ったとして、そのときは楽しいんだけど、**頭のどこかで「やっぱりカミさんのほうがいいかな」と思っちゃうんだよね。**だからいつも、そこで止まっちゃう。

おいおい、何を言わせんだ。余計なことしゃべりすぎちゃったじゃねえか。

恋心に押されて自分を高める努力をしつつ見返りは求めない。高尚な境地だ

あなたのケースはお互いに独身らしいけど、まあ、踏み込まないほうがいいだろうな。距離を縮めることだけが、恋心の〝成就〟じゃない。好きな人がいることで毎日に張りが出るし、自分を磨こうという気持ちになったりする。それでいいんだよ。

その人に嫌われないように、清潔感を保ってこざっぱりした格好をしようとか、今度はこんな話をしてあげようとかね。ヘルパーさんなんだから何十人も高齢者を見てるんだろうけど、**自分が来るのを楽しみに待ってくれてて、毎日をちゃんと生きる上で自分が役に立てたら、介護職冥利に尽きるよ。**恋心云々の話じゃなくってね。

利用者に恋心を抱かれるぐらいだから、このヘルパーさんはきっといい育ち方をした魅力的な人なんだろうな。ヘルパーさんにしても介護施設の職員さんにしても、利用者から「その人に会うのが楽しみ」と思ってもらえる人が増えるといいね。介護職っていうのは、そういう仕事だよ。本当は医者だってそうだし、ほかのどんな仕事もそうかもしれない。

恋心に後押しされて自分を高める努力をする。そして見返りは求めない。じつに高尚な境地だ。そういう気持ちになれたのは幸せだよ。そんな素敵な人なんだから、**ひそかに恋心を寄せているライバルはきっと多いだろう。**ライバルたちに負けないように、健康を保って元気に頑張ってくれ。

【お悩み5】

息子夫婦がいつまでたっても新居に呼んでくれないのはなぜなのか

夫を5年前に亡くして独り暮らしです。50歳の長男が、車で1時間ほどのところに家を購入しました。引っ越した直後に「お祝いを持っていきたいし、家も見たい」と言ったのですが、「まだ片づいていないから」と断わられました。

それから半年たちますが、いっこうに呼んでくれません。手紙も出しましたが、なしのつぶてです。以前、長男は「引っ越したら来てね」と言っていました。嫁が私の訪問を嫌がっているんだと思います。長居する気も何度も行く気もないのに。

そんな薄情な息子夫婦のことは忘れてしまえばいい、毎日を晴れやかに過ごそうと思っているのですが、どうしても心の中の疑問や怒りが消えません。私は、どうするべきなんでしょうか。

（80歳、女性）

■息子に自分の気持ちをはっきり伝えよう。憶測は誤解の元だよ

親としては息子が建てた家を見たいと思うのは当然だし、お祝いだってしてあげたいよね。すごく遠いわけでもないのに、**半年たっても一度も呼んでくれないっていうのは、たしかにちょっと不自然だ。**

あなたは「嫁が私の訪問を嫌がっている」と書いてるけど、前からお嫁さんと折り合いが悪かったのかな。「長居する気も何度も行く気もない」なんて、最初からずいぶんよそよそしいよね。妙に意地を張ってるようにも見える。お嫁さんだけじゃなくて、息子ともいろいろあったのかな。

いや、勝手に憶測して申し訳ない。「ぜんぜん違います」って言われるかもね。そう、憶測っていうのは誤解の元だし、悪いほうに悪いほうに考えがふくらんでしまう。「どうして家に呼んでくれないのかしら」って**頭の中でいくら考えても、本当のところはわからない。ただムカムカしてくるだけだ。**

これは息子に自分の心情をはっきり伝えたほうがいい。「死ぬ前にあなたが建てた家を見てみたい。お祝いも持っていきたい」って。車で1時間だったら、息子に迎えに来てもらおう。あれこれ理由をつけて来てほしくなさそうなら、「家も見せてもらえないなんて親として情けない。もう親でもなければ子でもない」ぐらい言ってやれ。

体が動かなくなって行きたくても行けないとなったら、大きな悔いが残る

たとえ渋々でも見せてくれるってことになったら、お嫁さんが留守の日に行くんじゃなくて、夫婦で迎えてもらおう。もしかしたら、**夫婦仲がよくなくて親を呼びたくなかったのかもしれない。**そんな気配を感じたら、こう言ってみよう。

「あんたたちがちゃんとやってくれないと、私も安心して冥土に行けないわ。仲よくやってちょうだい。縁あって夫婦になったんだから」

そこで二人が反省すれば、子は鎹《かすがい》じゃなくて、親が鎹になれる。

もし、お嫁さんが露骨に嫌な顔をしてお茶も出さない、息子もそんな様子を見て何も言わないようなら、**「もうあんたたちとは縁を切る」って伝える覚悟で行ったほうがいいね。**

　逆に、全部が取り越し苦労で、息子は単に面倒だから先延ばしにしてただけで、お嫁さんもちゃんと話せば「あら、意外にちゃんとしてるのね」と思う可能性だってある。どっちにしても、まずは息子に「家に行きたい」って言わないと始まらない。

　このまま体が動かなくなって、行きたくても行けないなんてことになったら、大きな悔いが残っちゃうよ。

「なんだ、そんなに来たかったの」とすんなり招いてくれるかもしれないし、拒否されるかもしれない。拒否されたら理由を聞いてみる。いつも言っているように、人生は納得ずくで生きることが大事だ。

　拒否される原因が自分にあるなら、辛いけど受け止めるしかない。情のかけらもない息子だとわかったら、そんなふうに育てたのは自分なんだと思ってあきらめよう。あれこれ憶測して思い悩んでいるより、よっぽどスッキリするよ。

【お悩み6】

45歳の長男と43歳の長女が結婚していなくて、とても心配です

子どもが二人います。45歳の長男と43歳の長女です。二人とも結婚せずに、ずっと私たちと一緒に暮らしています。親の目から見ると、どちらも問題があるとは思えないのですが、結婚しないのです。結婚の話をすると、どちらも「またその話か」と怒り出します。

孫の顔を見るのは、もうあきらめました。でも、子どもたちがこれからも独身で生きていくのかと思うと、心配でたまりません。今はよくても、老後はどうなるのでしょうか。夫にこの話をしても「好きにさせてやれ」と言うだけです。

（73歳、女性）

■自分たちが結婚の素晴らしさを見せられなかったんだから仕方ない

きつい言い方になるけど、これは「身から出た錆」だよ。45歳の息子と43歳の娘は、結婚に魅力を感じていない。結局、あなたたち両親が、結婚の素晴らしさを見せてやれなかったってことだ。

親は子の鏡で、子は親の鏡だからね。**あなたたち両親の夫婦関係は、子どもから見て「ああなりたい」と思えるようなものだったのか、**子どもを育てる喜びを感じていることを子どもに伝えられたのか、胸に手を当てて考えたほうがいい。

そうじゃないのに、ただ「結婚しろ、結婚しろ」と言ったって何の説得力もないよ。うるさがられるのは当然だ。もしかしたら旦那は、自分たちが「いい見本」ではなかったことがわかってるから、「好きにさせてやれ」って言ってるのかもしれない。単に関わるのが面倒臭いからっていう可能性もあるけどな。

ただ、今の日本では、子どもがいくつになっても結婚しないケースが増えている。

親であるあなたたちだけに原因があるわけじゃない。社会全体の問題でもある。

世の中の風潮として、今は「いい歳になったら結婚しなきゃいけない」というプレッシャーは薄くなった。結婚が素晴らしいものだと伝えられていないのは、あなたたちだけじゃなくて、ほかの大人たちも同じだ。**若者のあいだには「結婚なんて罰ゲームだ」「子育てなんて無理ゲーだ」なんて言い方もあるらしい。**

盟友の立川談志もよく言ってたけど、結婚とは苦しみが半分になって、喜びや楽しみが倍になるものなんだ。俺は結婚してよかったと思うし、結婚しなかったら今の俺はない。ウチはたまたま子どもがいないけど、作らないんじゃなくてできなかった。できないのと作らないんじゃ大違いだ。やっぱり子どもはいたほうがいい。

どうしても結婚してほしかったら、まずは家から追い出して自立させよう

でもまあ、ずっと実家にいれば、わざわざ結婚しようなんて思わないかもしれないな。俺たちの時代は、親にも余裕がないから、いつまでも世話になっているわけには

いかなかった。独り暮らしをするにも金がかかる。結婚して二人で暮らしたほうが安上がりだ。男は外で働いて、女は家のことをするという役割分担もはっきりしていたから、結婚すると何かと便利だった。それがいいとか悪いとかじゃなくてね。

昨今は、女性も働け働けって言うわりには、家事や育児の負担は相変わらず女性のほうが重い。男は男で独り暮らしで料理なんてできなくても、コンビニがあるから困らない。**結婚する必要性を感じない若者が増えるのはしょうがないし、結果として少子化が進むのも当然だ。**簡単にどうにかなる問題じゃない。

嘆くだけじゃ、相談に答えたことにならないな。あなたの場合、我が子をどうしても結婚させたいなら、まず家から追い出す必要がある。自立させないことには、自分の将来を真剣に考えることもない。

二人を並べて、はっきりこう言ってやったらどうだ。

「あなたたちより私たち親のほうが、先に死にます。あなたたちは、そのあとどうするの。誰かと家庭を築いていく喜びを放棄して、兄妹でこの家に暮らし続けるつもりなら、それでもいい。**そんな一生はイヤだと思うなら、この家を出て行きなさい**」

ただ、あなたにそれが言えるかな。たぶんあなたが子離れできていないことが、子どもたちが結婚しない原因のひとつだ。それに、自立したから結婚する気が起きるとは限らないし、相手が見つかるとも限らない。前途はなかなか多難だな。

確実に言えるのは、**子どもが結婚しないことを気に病んで毎日を過ごしていたら、自分も辛いし子どもだってたまったもんじゃないってことだ。**さっさと追い出すか、頭を切り替えて「結婚しない人生も、それはそれでいい」と思うか、どっちかを選ばないと、親子ともども苦しい状態はずっと続いていく。

あなたの今の悩みや苦しみは、誰かに背負わされたわけじゃない。同じところでグルグルしている自分自身が作り出していることに気づこう。

【お悩み7】

「もし認知症になったら」という不安がどんどんふくらんでしまう

84歳の男性です。5歳年下の妻と二人暮らしです。子どもは娘が一人で、結婚して同じ市内に住んでいます。孫は大学生と高校生です。今はとても穏やかで幸せな日々を過ごしていますが、もし自分が認知症になったらと心配でなりません。夜、眠れなくなることもあります。

何もわからなくなって、妻に「どちらさまですか？」なんて言っている自分を想像するだけで、ぞっとします。徘徊《はいかい》したり暴力をふるったりして、妻や娘に迷惑をかけてしまうのも嫌です。「ボケ防止」になると言われている体操などは積極的にやるようにしていますが、ならない保証はありません。不安はどんどんふくらむばかりです。どうすればいいでしょうか。

（84歳、男性）

■気にするなと言っても心配はなくならない。ここは逆転の発想だ

84歳か。だいたい同年代だな。心配になるのは当然だ。俺だってそういう気持ちはあるよ。医者に言わせれば、認知症っていうのは誰がなるかわからない。どんな人にも可能性がある。しかも、まだはっきりした治療法がないわけだしな。

「気にしてもしょうがないよ。どんなに心配してもなるときはなるんだから」

肩を叩いてそう言ってやりたいところだけど、「気にするな」と言われて心配がなくなったら苦労しない。そういう性分なんだし、現実的に可能性はあるわけだから。

ここは逆転の発想だ。**どんどん心配しよう。ボーッと過ごしているより、心配して頭を使うことで、認知症を防ぐ効果があるかもしれない。**医学的な根拠はないけど、心配をエネルギーにして行動を起こすのは悪いことではないはずだ。

談志が「頭の体操だ」って言ってやってたのが、アメリカ映画でもフランス映画でも何でもいいんだけど、出演している役者の名前を覚えること。俺も一緒によくやっ

てた。「ジョン」が付く役者の名前を思い出すなんてのもいい。ジョン・ウェイン、ジョン・フォード、ジョン・カビラもいるな。

「回想法」って言って、昔のことを思い出すのは認知症の予防や治療に効果があると言われている。ためしに、小学校や中学校の担任の先生の名前を思い出してみよう。思い出せなかったら、同級生に電話してみる。「俺たちが習った英語の先生の名前、なんだっけ？」ってね。アダ名でもいいや。

同級生に電話をして話をするっていうことも、認知症の予防になるはずだ。そいつと話すのが何十年ぶりかでもかまわない。「お前なら覚えていると思って」なんて電話されたほうだって、きっと嬉しいよ。電話するいいきっかけになる。

素直で柔軟な年寄りを心がければ「楽しい認知症患者」になれる……かな

それでもなっちゃったらどうするか。幸いというのもヘンだけど、急になるわけじゃない。少しずつ進行していく。なっちゃっても、楽しい認知症というのもある。言ってることが面白いとかね。それだったら、まあ周囲への迷惑は少ない。
困るのが、暴力をふるったり暴言を吐いたりする認知症だ。これは人間性や性格に大きく影響されるから、歳を取ってからどうにかしたくても間に合わない。ただ、認知症にならないうちに、なるべく「いい癖」を付けておくことはできそうだ。

日野原重明先生が、よく「年寄りはチャーミングじゃなきゃいけません」と言ってた。**素直で柔軟で、いつも笑顔を絶やさない。まわりにも感謝を伝えられる。こっちが悪いときはちゃんと謝る。そういう年寄りになろう。**

けっして若いヤツらに迎合しろってことじゃない。周囲といい関係を築いて、どうでもいいことで腹を立てたりイライラしたりしないようにするのは、自分が心地よく毎日を過ごすためだ。

頑固ジジイや偏屈ジジイなんて、もう流行らない。昔は「あのおじいさん、しょうがないなあ」って言って、ある程度は周囲や身内にも受け入れてもらえたかもしれないけど、今は鼻つまみ者になるだけだ。**だいいちカッコ悪いよ。**

素直で柔軟な年寄りになることを心がけるのは、いくつになってからでも遅くない。

そのためには、自信と余裕が必要だ。べつに金があるとかないとか、社会的地位がどうとかという話じゃない。

今の自分や、今まで頑張ってきた自分を認めてやることが、自分に対する自信になる。「俺もまあまあたいしたもんだ」と思えれば、心に余裕が出てくる。そうしながら、日々の態度や人との接し方を少しずつ変えてみよう。

実際の効果はわからないけど、ひたすら心配をふくらませているより、今できることをやったほうが気がまぎれる。家族に「認知症になって迷惑なことをやっちゃったらごめんね」と、あらかじめ謝っておくのもいいかもしれない。

とりあえずは気持ちだけでも、「なるんだったら楽しい認知症患者」を目指そう。

【お悩み8】

同居の娘婿が私を無視する。独り暮らしをしたいがお金がない

75歳です。夫は3年前に他界しました。その頃から、同居する娘婿の私に対する当たりが強くなりました。最近は露骨に私を無視します。10年前に娘夫婦が結婚したとき、私たちが多額の援助をして家を新築しました。4歳の孫がいますが、私とは遊ばせようとしないし、出かけるときも私をのけ者にして3人で出かけます。

肝心の娘も、夫に気をつかっているのか影響されて私を嫌っているのか、こっちの味方をする気はないようです。いっしょになって無視したり嫌味を言ってきたりします。こんな毎日は苦痛で仕方ありません。独り暮らしをしたくても、家を建てたときに蓄えを使い果たして、もうお金がありません。この地獄のような日々から、どうすれば抜け出せるでしょうか。

（75歳、女性）

■残りの人生を充実させるために、家を出る方法を考えたほうがいい

かなりこじれちゃってるみたいだな。こうなると、**一緒に住んでいる限り「またいい関係に戻る」というのは不可能だ。**どうにかして家を出る方法を考えたほうがいいね。だいたい、ここまで悩んだり恨んだりできるっていうのは、十分に元気だってことだろ。家を出るなら今だよ。

誰かに相談しても「あなたもいい歳なんだから、我慢して仲よく一緒に暮らさなきゃ」と言われそうだし、自分でもそう言い聞かせているかもしれない。だけど、いい歳だからこそ残りが減ってきた人生を充実させるために、**しなくていい我慢はしちゃいけないんだ。**

いきなりあらたまって、娘夫婦の前でこう切り出してみよう。

「私はこのままでいると、毎日が気詰まりで仕方ない。自分の第二の人生、第三の人生を楽しみたいから、独りにしてほしい。だったら、あなたたちが出て行くより、私

が出て行ったほうがいいんじゃない？　この家を建てるときに、私があなたたちにしてあげたことがあるでしょ。私が独りになるために、小さい部屋でいいから借りてちょうだい」

娘夫婦だって、そこまで嫌ってるんだったら、親が別々に暮らしたいって言い出したのは渡りに船だよ。ただ、月々多少の援助は必要になるだろう。それがもったいないとか、追い出したみたいで世間体が悪いとか、そういう身勝手な理由で反対するかもしれない。だったらもう、脅すしかないね。**「あなたたちがそう言うなら、私がされたことを書いてご近所に配ってから、家で死んでやる」**って。

独居老人の自殺より、家族と同居している老人の自殺のほうが何倍も多い

これは冗談じゃなくて、関係が悪くなったまま同居を続けるストレスっていうのは、並大抵じゃない。大学の先生に聞いたんだけど、独り暮らしの老人より、子どもたち家族と同居している老人のほうが、はるかにストレスが多いそうだ。

独居老人の自殺より、家族と同居している老人の自殺のほうが何倍も多いっていう調査結果もある。家族の中で孤独感や疎外感を味わうっていうのは、それだけ辛いってことだ。もちろん、子どもの側だけが悪いわけじゃない。**人間関係はお互いさまだ。どっちが悪い何が悪いって話じゃなくて、合わないものは仕方ないんだよ。**

独りで考えてても出口は見つからないし、どんどん思い詰めていくだけだ。たとえば民生委員とか、役所にいるケースワーカーに相談してみるのもいいな。当事者同士で話し合って解決する段階はとっくに越えてるんだから、第三者の力を借りるのが賢明だよ。健康状態によっては、施設っていう選択肢を考える必要もある。

今まで一緒に住んでいたのに別居するとなると、なんか「親子の縁を切る」みたいに考えちゃうかもしれないけど、そうじゃない。**お互いにとって無理がかからない距離を取って、もう一回「いい関係」を取り戻すためでもある。**子どもの側だって親孝行は離れていてもできるし、孫もたまに会うほうがかわいく思えるんじゃないか。

悩んでたって始まらない。毎日「不快だ不快だ」と思いながら、やがてもっと歳を取ってそのまま死んじゃったら、自分が可哀想じゃねえか。まずは行動あるのみだ。

【お悩み9】

私を「ばあさん」と呼ぶ夫が許せない。どう言えばやめてくれるか

夫は80歳、私は75歳です。おかげさまで今年、金婚式を迎えました。二人の子どもは、それぞれ家庭を持って別に住んでいます。夫婦仲が悪いわけではないのですが、ひとつだけ我慢できないことがあります。それはこの頃、私を「ばあさん」と呼び始めたことです。「やめてよ」と言っても「ばあさんを『ばあさん』と呼んで何が悪い」と、ぜんぜんやめてくれません。

悔しいので「なによ、自分もじいさんのくせに」と言ってやりましたが、「そうだよ、じいさんだよ」と涼しい顔をするだけでした。どんなふうに言えばやめさせられるでしょうか。このままだと顔を見るのも嫌になりそうです。

（75歳、女性）

■呼ばれたくない気持ちもわかる。「もう少し待って」と言ってみよう

金婚式おめでとう。長く一緒にいるっていうのは、素晴らしいことだよ。で、なんだって。夫から「ばあさん」と呼ばれるのが嫌で、やめさせたいわけか。**怒ってはいるけど、これは一種のノロケだな。**

いいじゃないか、呼ばせてやれば。きっと亭主は、親しみを込めて「ばあさん」と呼んでるんだよ。これまでは「おかあさん」や「ママ」だったのかな。いつまでも「子どもの母親」として扱うのは可哀想だと思ったのかもしれない。

下の名前で「マユミさん」とか「ジュンコ」なんて呼んでる夫婦もいる。それも仲睦まじい感じがしていいよね。ただ、若いうちから慣れてればともかく、歳取ってから急に下の名前で呼ぶのは、人によってはテレ臭いかもしれない。

ただ、「ばあさん」と呼ばれたくないあなたの気持ちも、よくわかる。**この頃の70代は若々しくて、「ばあさん」という言葉が似合わない人が多い。**たぶんあなたも、

いつも小ぎれいにしてて、昔の70代のイメージとは違うんだろう。だけど亭主は、女心がわからずに、平気で「ばあさん」なんて言っちゃうんだよな。

俺も半世紀以上にわたって、さんざん「ジジイ、ババア」って言ってきた。でも最近は70代の女性に向かって、「ババア」とは言えない。「ババア」と呼ばれるにふさわしい貫禄っていうか、ふさわしい円熟味が出てくるのは80を越えてからだ。

もちろん、俺の言う「ババア」や「ジジイ」は、罵《ののし》ったりバカにしたりする言葉じゃない。**人生の年輪を重ねてきたことへの敬意や、深い親しみの気持ちを込めた「尊称」なんだ。**猫なで声で「おばあさん」「おじいさん」って言うほうが、相手に壁を作っているみたいで失礼だと感じる。なんか対等じゃないんだよな。

ソフトな言い方で「呼ばれたくない」という強い気持ちを伝えるのはどうだ

あなたんちのジジイ、じゃなくて亭主は「昨今のジェンダーの常識」についていけてないってことだな。いや、俺も意味がよくわからずに使ってるけど、要するに古い感覚で言葉を使ってるわけだ。**戦前に作られた「船頭さん」っていう童謡には、「今年60のおじいさん」って歌詞がある。**そこまで感覚は古くないかもしれないけどね。だからといって「あなたは頭が古いのよ！　70代に向かって『ばあさん』って言うのは時代遅れよ！」と責めたら、相手もカチンときてケンカになるだけだ。そこは年の功で、穏やかな言い方でこっちが望んでいる方向にもっていこう。

「今の私は、まだ『ばあさん』と呼んでもらえる資格はないと思うの。80代になるまで待っててちょうだい。それでもまだ貫禄が足りないと思ったら、90代まで待っててちょうだい。いつの日か、縁側でお茶をすすりながら『おじいさん』『おばあさん』と呼び合うのが似合う夫婦になりたいわね」

そんなふうに言ってみたらどうかな。亭主もよくわからないなりに「よっぽど言われたくないんだな」と思ってくれそうだ。**「毎日『ばあさん』って呼んで、私を早く老けさせたいのね。まだまだ元気で一緒にいたいわ」**でもいい。

とにかく、まだまだ末永く幸せに暮らしてくれ。仲がよくてけっこうだ。「夫婦ゲンカは犬も食わない」ってのは、金婚式を越えた夫婦にも当てはまるみたいだな。

【お悩み10】

乏しい貯金と年金で今後も暮らしていけるのか、将来が不安です

何年か前に「老後2000万円問題」が話題になりました。私は焦りました。そんな貯金、持っているわけがありません。リタイアして年金生活に入っているので、貯金を増やすことは不可能です。

幸い、今は自分と妻の年金で何とか生活できているし、今のところ健康なので、わずかな貯金を減らさずに済んでいます。だけど、物価がどんどん上がっているし、このままでは将来が不安です。もし貯金がなくなったら……と毎日心配しています。50歳の息子がいますが、息子には息子の生活があるので頼るわけにはいきません。心穏やかに老後を過ごしたいのに、それは不可能なのでしょうか。

（74歳、男性）

■心配しても仕方ない。少しでも稼げば穏やかな気持ちになれるよ

俺も以前『老後の資金がありません！』って映画に出たから、こういう心配はよくわかる。「2000万円」って金額が独り歩きしているところはあるけど、**仮にたくさん貯金があっても、心穏やかに老後を過ごせるとは限らない。**

このあいだ知り合いの鍼灸師《しんきゅうし》の女性が言ってたんだけど、20年ぐらい面倒を見ている年寄りがいるんだって。もう100に近い歳のジジイで、ビルを3棟ぐらい持ってる。奥さんは死んじゃって自分のマンションに独り暮らしで、通いの家政婦さんにいろいろ世話してもらってるらしい。

鍼《はり》を打ちながら話をして、**「今、何が欲しいですか？」って聞いたら、その金持ちのジジイは、どう答えたと思う？「欲しいのは金だ」と言ったんだってさ。**その彼女は耳を疑った。お金は十分に持っているはずで、しかも100歳に近い老人から、まさかそんな答えが返ってくるとは思わないからね。

詳しく聞いてみると、息子が成年後見人を立てちゃってて、自由に使えるお金は限られてるらしい。だからといって、金がなくて何かを我慢しなきゃいけないなんてことはないだろうね。息子だって何かあったらたいへんだと思って、一種の親心できちんとやってくれたわけだ。けっして息子といがみ合ってるわけじゃない。

世間一般の基準で言ったらケタ違いに恵まれてるジジイなのに、本人は「もっと金が欲しい」と願ってる。**持っている額と心配の量とは、けっして反比例しない。もしかしたら正比例するのかもしれない。**彼女は「人間というのは、最後の最後までお金への執着は消えないんだなと思いました」って言ってた。

まずは地域のシルバー人材センターに登録して、体を動かしてみたらどうだ

あなたが将来を不安に思ってしまうのは、無理もないことなんだよ。あなただって、日々の生活に困っているわけじゃない。年金もあるし多少の貯えもある。安泰と言っていい老後だよ。だからといって、心配なもんは心配なんだよな。

昔から、歳を取ると「3K」が悩みの種になると言われている。「経済」、つまり金と、「健康」と、それから「孤独」。あなたは、今のところ健康だと書いてあるし、奥さんもいて孤独というわけではなさそうだ。さっきのジジイは、金で悩んでいるだけじゃなくて、健康と孤独も悩みの種なのかもしれない。

金に対する不安や心配がふくらんでいるなら、健康には問題がないんだし、できることを見つけて働いてみるのがいいんじゃないか。何もしないで、家の中で心配していても仕方ない。体を動かせば心の中のモヤモヤがきっと消えていくよ。

俺は時々、シルバー人材センターの講演会に呼ばれる。集まった年寄りに向かって、**シルバー人材センターに登録しよう、誰かの役に立つのは楽しいぞ、って呼びかけるわけだ。**どこのセンターも、たいてい人を募集してる。住んでいるところの役所に行けば、どうやって登録すればいいか教えてくれるよ。

東京都の場合、月に6、7万ぐらい稼いでいる人が多いって話だ。体力に自信がないなら、報酬は少なくなるけど、週に1回でもいい。たとえ月に数万円でも稼ぎがあれば、もともと切羽詰まってるわけじゃないんだから、穏やかな気持ちになれるんじゃないかな。**生活に張り合いができるし、新しい人間関係も広がる。**

いいことはそれだけじゃない。体を動かして働くと、医者に行かなくなって医療費がかからなくなるというデータもある。自己負担分の出費が減ると同時に、医療費を８割も９割も負担してくれている国の支出も抑えられるわけだ。**小遣い稼ぎができて国の財政にも貢献できるなんて、けっこうなことじゃないか。**

べつにシルバー人材センターじゃなくてもいいんだけど、70を越えると仕事も限られちゃうし、あんまりきついのも困るしな。心穏やかな老後を過ごしたかったら、まずは体を動かすことだ。不安や心配がふくらむのは、要するにヒマだからだよ。

第2章　親に悩まされている子どもたち

――独り暮らしの83歳の父を介護施設に入居させたいが本人が拒否する（54歳、女性）

【お悩み1】

独り暮らしの83歳の父を介護施設に入居させたいが本人が拒否する

母は5年前に他界。それ以来、83歳の父が独り暮らしをしています。頭はしっかりしていますが、ここ1年ぐらい身体の衰えが目立ってきました。

実家までは車で2時間ぐらいかかるし、私も仕事があるので頻繁には行けません。妹もいますが私と似た状況です。訪問介護も「俺には必要ない」と言うばかりで受けようとしません。

冷静に考えると、遠からず介護施設に入居したほうがいい状況だと思います。どう説得すればいいでしょうか。ただ、自分の中にも正直、施設に入れることは「厄介払い」なんじゃないかと、抵抗があります……。

（54歳、女性）

■介護施設は「死ぬのを待つ場所」ではない。まず自分の認識を改めよう

まず最初に変えなきゃいけないのは、あなた自身の介護施設に対する考え方だな。介護施設とひと口に言っても、介護付き老人ホームとか住宅型の老人ホームとか、あるいはグループホームとか、入る人の状況や目的によっていろんなタイプがある。共通しているのは「けっして姥《うば》捨て山ではない」ってことだ。

あなたの頭の中には、もしかしたら古いイメージの老人ホームが浮かんでいるんじゃないかな。最近の施設は、どこもキレイで明るいよ。もちろん、改善が必要な部分もまだまだあるけど、そこは施設側だってがんばってる。

俺が言いたいのは、**「死ぬのを待つ場所」じゃなくて「残された時間を有意義に過ごすための場所」**だってことだ。

あなたがた姉妹は、たまにしか会いに行けない状況にある。いや、いいんだよ。親の面倒を見るために自分の生活を犠牲にする必要はない。ただ父親にとっては、いく

ら自分の家でも、毎日独りで過ごすのが、はたしていい環境なのかどうかは難しいところだ。**とくに男性は、友達を作って無駄話するのが苦手な人が多いから、どんどん孤独な生活になっていく。**

介護施設に入ることを考えるにしても、まずはデイサービスやショートステイで徐々に慣れていく必要がある。おだてたりすかしたりしながら、そのへんのお膳立てをしてやるのが子どもの役目だ。

「親の好きにさせてあげる」っていうのは、まわりにも自分にも聞こえはいいけど、できないことがどんどん増えていく状況で、かえって親に苦しい思いをさせることになるかもしれない。何より事故や火事のリスクもあって、危険でしょうがないよ。

勝手に施設を決めてきて強引に入所させるのは絶対にダメ

そうそう、どう説得するかっていう相談だったな。自分が介護施設に対してマイナスのイメージを持っているままだったら、どう言っても親は納得しないだろうね。無理やり入れたとしても、毎日ふてくされたまま過ごすだろうし、あなた自身も罪悪感を抱えなきゃいけない。在宅の介護サービスに対しても、同じことだ。

とりあえずは、候補の介護施設をいくつか見学させてもらうのがいいんじゃないかな。同時に、本を読んだりインターネットを使ったりして、今の介護施設がどういうものか調べてみよう。たしかに、「いいことばっかり言ってるけど実際は……」という施設もないわけじゃない。そのへんも意識して勉強してみてくれ。

入れたほうがいいと思っていざ話すとしても、言い出しづらいし、父親だって最初は「俺は嫌だよ」と反発するかもしれない。それでも根気よく**「お父さんにはまだまだ元気で過ごしてほしいから」「家に毎日独りでいたら、認知症になっちゃうわよ。いろんな人と話ができたほうが楽しいと思うな」**なんてことを言えば、だんだんその気になってくれるよ。

「お母さんがいなくなってから、独りで頑張ってきたお父さんはすごいよね。おつかれさま」と、苦労をねぎらってあげるのも効くかもしれないな。口では強がっていても、身体がだんだん言うことを聞かなくなってきているのを誰よりも感じているのは、親父さん自身だからね。

聞いた話だけど、子どもがいきなり施設を決めちゃって、ロクに説明もしないで強引に施設に入れるケースもあるらしい。それは絶対にやっちゃダメだ。そういうことをする子どもに限って「俺は親思いだから、親のために頑張ったんだ」なんて得意になってるんだよね。

どこに住むかっていうのは、人間にとってひじょうに大事な問題だ。**どんなに面倒でも、本人が納得するまで根気よく説得してやってくれ。**親が新しい環境での生活を気持ちよく楽しむためにも、子どもが後ろめたさを覚えないためにも、それが不可欠なんだ。

【お悩み2】
70代の両親が使わない健康器具や調理家電を通販で次々に買っている

父親は76歳、母親は72歳です。

おかげさまで二人とも元気なんですが、実家に行くたびに、絶対に使いそうにない健康器具や調理家電が増えています。

もっぱらテレビの通販で買ってるようですが、「もったいないから、やめなよ」と何度言っても、「いや、必要だから」「あると便利だから」とか何とか言って、やめる気配はまったくありません。どうすればやめてくれるでしょうか。日頃はつつましく暮らしているのに……。


（48歳、男性）

■どんどん使えばいい。無駄遣いをしない人生なんて味気ないよ

これはもう、好きにさせてやるのがいちばんいい。騙されて借金して高いものを買わされているわけじゃないんだから。父親と母親にとっちゃ、それが楽しみなんだ。大げさに言うと、生きる張り合いになってるんだろうね。無駄遣いをしない人生なんて、味気なくてしょうがないよ。

そもそも、親が自分で貯めた金や年金を使っているわけだから、子どもがどうこう言うことじゃない。親の金は親の金だからね。

心のどこかに「無駄遣いした分を貯めてたら、いつかは俺のものになるはずなのに」っていう考えがあるんだとしたら、そんなのは忘れたほうがいいな。無意識のうちに**親の金をアテにして、なんだかんだ口を出し始めると、親子の関係もきょうだいの関係も必ずおかしくなってくる。**

ちょっと話は飛ぶけど、俺はね、日本にカジノをつくるのは大賛成なんだ。賭けマ

ージャンは法律違反になって、どっかの元検事長みたいに起訴されちゃう。だからカジノをつくればいいって、前から言ってるんだよ。横浜につくる話は反対が多くて難しそうだけど、どっかの小さい島にでもつくればいいんじゃないか。初島か猿島あたりをカジノアイランドにしてほしいね。

そこに小金もってるヒマな年寄りを集めて、どんどん遊ばせる。ただ、上限を設けたほうがいいな。年寄りは1日に10万円までしかダメですよって。テラ銭を取るわけだから税収になるし、飲み食いもして経済が回る。「今日は大儲けしちゃったよ」「ちくしょー、明日は見てろ」なんてやってたら、年寄りにもいい刺激になって健康寿命が延びるよ。

年寄りの世代は、お金は貯めておくもんだって考え方が強くて、お金を使って遊ぶのは上手じゃない。旅行だってバンバン行けばいいんだよ。体が元気なうちしか行けないんだから。たくさんお金がある人は豪華にやればいいし、それほどない人はないなりの旅行の仕方をすればいい。**夫婦で力を合わせて稼いだ金なんだから、自分たちで使うのがいちばんだよ。**

だけど、年寄りが集まっているところで、俺が「年寄りはもっと金を使おう」って言ったら、80歳を越えたババアが「マムシさん、貯金も大事だよ」って言ってきた。「そんなに貯め込んでどうすんだ」って聞いたら、「老後の備えよ」って。今が老後じゃねえかって笑ったんだけど、染みついた意識は簡単には変わらないんだよな。

「騙されている」「危ない」と感じたら全力で親を守ってあげよう

あなたのご両親は、そういう意味では立派だよ。何にもしないで我慢して毎日過ごしてるんじゃなくて、欲しいと思ったものを買って人生を楽しんでるんだから。体は元気らしいから、旅行や食べ歩きを勧めてあげるのもいいね。ほかに楽しみがないから、はたから見ると余計な買い物が増えるのかもしれない。

ただ、そうやって楽しみの範囲でお金を使っているうちはいいけど、**歳を取ってくるとそれこそ詐欺や悪徳商法の被害に遭う心配もある。**いつの間にか認知症が進んで、同じ商品を何度も買っちゃってたりとかね。

そういうのも結局は、子どもが親と日頃からちゃんとコミュニケーションをとって、様子をしっかり見てるのがいちばんの予防になる。

「これは明らかに騙されてる」「これは危ない状態だ」となったら、そのときは子どもの出番だ。全力で親を守ってやってくれ。元気なうちは好きにやらせて、いよいよとなったら助ける。言うのは簡単だけど、タイミングをつかむのが難しいよな。

お金のことだけじゃなくて、親はどんどん歳を取って、できないことが増えていく。今のところ**親とあんまりコミュニケーションが取れていない場合は、親が元気なうちにたくさん話すようにしたほうがいい。**親自身も子どもも「まだまだ大丈夫」と思いたいのが人情だから、そういうことをつい先延ばしにしがちだけどな。

【お悩み3】

82歳で独り暮らしの義母が近所のボーイフレンドの家に通っている

夫の母は、82歳。私たち夫婦は東京、義母は栃木に住んでいます。早くに義父が亡くなり、ずっと一人暮らしです。近所に10歳ほど年下のボーイフレンドがいて、その人は息子さん家族と同居、奥様は亡くなったそうです。その人のお宅に週に2〜3回は遊びに行っていると聞いてはいたのですが、男女関係ということでもないし、義母の張り合いになればと、夫も私も干渉してきませんでした。先日、義母に癌が見つかって体調を崩したときも、その人が力になってくれたようです。

ただ、息子さん家族が義母のことを快く思っていないことがわかりました。義母には、やんわりと、あまり他人様に面倒をかけないように、介護サービスなど公的な支援を受けようと話をしているのですが、義母にとっては、いちばん気を許せる相手はそのボーイフレンドのようで夫も困っています。

（57歳、女性）

■ボーイフレンドがいるのはいいこと。世間体なんて気にしなくていい

あなたも実の息子である旦那も、まあ気を揉む状況だよな。でも、ボーイフレンドがいるというのは、とってもいいことだよ。

体調を崩したお義母さんの力になってくれたなんて、いいボーイフレンドじゃないの。**遠くの身内より近くのボーイフレンドだ。**あなたが言うように、お義母さんにとっては彼との付き合いが張り合いになってるんだろうね。

ただし、金銭的なことがからんでなければの話だ。高齢者に新しいボーイフレンドやガールフレンドができると、そういう心配が出てくる。お金を無心したりされたりしてるんじゃないかとか、遺産をかっさらわれるんじゃないかとか。まあ、お金の心配をするのは本人よりも子どものほうだけどね。

相談のメールを読んだ限りでは、そういう心配はなさそうだ。ボーイフレンドの息子さん家族が嫌な顔をするっていうのは、世間体を気にしてのことだろうな。向こう

も世間体を気にして、こっちはこっちで直接文句を言われたわけでもないのに、空気を読んで「何とかしたほうがいいかしら」と心配している。それだって世間体だよな。

「近頃は隣近所のつながりが薄れた」なんて嘆く声がある。たしかに寂しい一面もあるけど、逆に言えば世間体を気にしなくてもいい時代になった。**昔の隣近所の付き合いには、面倒なこともいっぱいあったからね。**その点は、今のほうがありがたいんじゃないかな。しかも、お義母さんは遠くに住んでるんだから、もともと近所の目は関係ない。

よく話を聞いて、お金に関するモヤモヤはスッキリさせておこう

ウチの親父もおふくろが死んだあと、彼女ができたから一緒に暮らしたいって言い出した。その時に住んでた家も、いつの間にか売っちゃってた。俺は親父を引き取るつもりで部屋も用意してたんだけど、本人がそうしたいって言うもんは仕方ない。ほんの数年だったけど、その人と暮らしてたよ。俺もカミさんも周囲からいろいろ言わ

れたけど、世間体を気にして無理に止めなくてよかったと思ってる。

あなたの場合も、お互いにとって大事な相手になっているみたいだから、「**いい歳してみっともない」という理由で仲を引き裂くのは、あまりにも残酷だ。**人生の終盤を楽しく過ごせそうだったのに、一気に寂しい毎日になる。そんなことしたら寿命を縮めちゃうよ。

ただ、お金に関するモヤモヤはスッキリさせておきたい。どういうつもりで付き合っているのか、お義母さんにそれとなく聞いてみるといいんじゃないかな。「再婚しようと言われてる」なんて話が出てきたら、全力で止めたほうがいいだろうね。

いちばん大事なのは、あなたたち夫婦がもっと頻繁に顔を見せに行くことだ。コロナも落ち着いて、県外への移動もしやすくなったことだしね。言ってしまえば、病気で心細い状態なのに子どもがアテにならなくて、その分、ボーイフレンドを頼るようになったんだから。

俺としては、お二人が楽しく交際を続けられることを祈ってるよ。恋をしましょう恋をして〜だ**！**

【お悩み4】

ともに80代の両親がお互いに相手の悪口ばかりを聞かせてきて辛い

父親は83歳、母親は80歳です。

実家にはちょくちょく顔を出しているんですが、二人とも相手がいない場所では、待ち構えていたように相手の悪口を言い始めます。

「まったく、あいつは気が利かない」とか「あんな勝手な人とは思わなかった」とか何とか……。

娘としては聞いていて気持ちのいいものではありません。

どう返せばいいんでしょう？


（53歳、女性）

■好きなだけ言わせてあげればいい。聞き流すのも親孝行だ

どっちもスキあらば相手の悪口を言いまくるわけか。会うたびにそんな調子じゃ、聞かされるほうはたまんないな。

かといって「そんな話、聞きたくない」って、はねつけるのも気の毒だ。両方が相手への不満を溜め込んだら、やがて爆発して大ゲンカになるかもしれない。いよいよ修復不可能な関係になっちゃったら、余計に面倒だしな。

ここは、クッションになってやるのがいいよ。父親には「そうよね、お父さんは気の毒よね。お母さんは昔からああいう人だけど、よく我慢してるわよね」って返して、母親にも「お母さんは気の毒よね。よく我慢してるわよね」って返す。相手が言いたいことをいったん受け止めることで、相手は少し満足するはずだ。その上で、こんな言葉をかけてあげる。

「そんなに言いたいなら、面と向かって言い合ったら。それができないんなら、ホン

トは気になって愛してんじゃない」

「だけど、お母さん（お父さん）がいなかったら、私も生まれてないわけだし、夫婦で頑張ったからこの家も建てられたわけよね。娘から見ると、お母さん（お父さん）にも、なかなかいいところがあると思うわよ」

そうやって、忘れている本心やお互いのいいところに気づかせてあげるのも大事だな。**夫婦ゲンカは犬も食わないってことわざがある。本気になって受け止めるのは、まったくバカげたことだ。**「あんな亭主殺してやりたい！」って言ってたって、ホントに殺したって話は、俺のまわりでは聞いたことない。**聞き流すのも親孝行なんだよ。**

自分が親より大人になって「親の親」になったつもりで接する

親が歳を取ってきたら、こっちが親にならなきゃいけない。子どもにしてみたら、親はかつては自分を叱ったり諭したりしてくれた存在だから、自分より分別がつくと思ってる。親の前だと、いつまでも「子ども」のつもりで、頼ったり甘えたりしがちだしな。

だけど、そうじゃないんだ。こっちは歳を重ねて経験も積んで大人になったけど、高齢になった親はむしろ子どもに近づいてる。「そんな駄々っ子みたいなこと言って」とか「自分のことを棚に上げて、お母さん（お父さん）ばっかり責めるのはどうなの」なんて呆れることも増えてくるんだよな。

いつまでも「自分よりものがわかっている存在」っていうイメージのままだと、ガッカリするし腹も立ってくる。親の親になったつもりで、こっちが大人の対応をしてやってくれ。ちょっと寂しいし、**ずっと親を頼りにしたいのは山々だけど、自分が大人にならなきゃと思うほうが気が楽なんじゃないかな。**

親が独り暮らしの場合は、近所の人の悪口ばっかり言ってるなんて場合もある。ハタから見ると「どうして悪いところばかり見るかな。よく飽きないな」って不思議だけど、そういう人はそれがレクリエーションになってるんだろうな。「あの人に比べて、自分はちゃんとしている」ってことを言いたいのかもしれない。要は、寂しいわけだ。

聞かされて嫌気がさした子どもが「そんなこと言うもんじゃないわよ」なんて言ったら、親としてみたらなおさら寂しい気持ちになる。

家の中で言っている分には誰にも迷惑はかからないから、**言いたいだけ言わせて、受け止めてあげればいいよ。**それより、何が満たされなくて悪口ばっかり言ってるのか、そこを探ってあげたいよね。

あんまり深刻に考えないで、**「ウチの親は悪口が好きなんだな。元気で何よりだ」**ぐらいに思っておくのが気が楽かもしれない。悪口が三度の飯より好きだって人は、いっぱいいるよ。いつも人をホメてばかりで悪口をいっさい言わないのも、なんか気持ち悪いじゃない。世の中にはいろんな人がいて、人間にもいろんな一面があるから面白いんじゃないかな。

【お悩み5】

70代の両親がしょっちゅう家に来ては子育てに細かく口を出してくる

7歳の男の子と4歳の女の子がいます。近所に住む私の両親（76歳の父と72歳の母）が、しょっちゅう家に来ては、子育てに口を出してきます。

もっと外で遊ばせないとダメだとか、こういうオモチャで遊ばせるのは教育上よくないとか。

上の子は小学校1年生で、入学前は「どうして受験させないんだ」とうるさく言ってきました。結局は自分たちの考えを貫きましたが、ものすごく疲れました。

妻もホトホトまいってます。

（40歳、男性）

■親を黙らせるより自分が受け止め方を変えるほうが手っ取り早い

自分の親が孫の育て方について、うるさく口を出してくるわけか。子どもの側にしてみたら、さぞうっとうしいだろうな。でもな、それは口を出させてやれ。**「口を出さないでほしい」なんて言ったところで、おとなしくなりゃしないよ。**親の側は「孫のためには自分たちが言わないと」って張り切っていて、しかもヒマなんだから。

年寄りっていうのは、たまにはいいことも言うんだよ。１００言ったら、そのうちひとつぐらいは役に立つことだったりする。だから、言わせるだけ言わせて、どうでもいい話は聞き流せばいい。「どうせ向こうのほうが先が短いんだから」ぐらいに思っておけば、腹も立たないんじゃないか。

親の言うことを全部まともに受け止めてたら、そりゃ疲れるよ。子どもの側が生真面目に「親の意見も尊重したほうがいいかな」と思ったところで、実際は尊重のしようがない意見がほとんどだ。実の子である旦那が中途半端にちゃんと受け止めようとするから、奥さんも板挟みになってまいっちゃうんじゃないか。

とはいえ、言ってくることをいちいち否定するのもよくない。「父さん、それは違うよ」「母さん、そうは言うけど今の時代は」なんて反論したところで、親は聞く耳を持たないし、意見を変えることもない。聞いたフリだけでもいいから「フンフン」って聞いてやれば、そのうち向こうだってくたびれて言わなくなってくるよ。

親を黙らせるのは難しいけど、自分が受け止め方を変えるのはすぐにだってできる。

まともに相手しなきゃいけないという気持ちを捨てて、奥さんとも「聞き流せばいいよ」って話をすれば、こっち側のストレスはずいぶん減るんじゃないかな。

もうひとつ「旦那の両親が孫に甘いお菓子をあげて困る」という相談も

親に困っているっていう相談が、こっちにもあるな。35歳の女性からで3歳の息子がいる。悩みの種は旦那の70代の両親だ。

「月に一度ぐらい訪ねてくる義父母が、孫かわいさに甘いお菓子をしょっちゅうあげてしまいます。注意したいけど、言いづらくて言えません。最近は普段の日も、子どもが『ごはんいらない。お菓子がいい』と言うようになりました」

こういう年寄り、いそうだよな。これはね、こう言ってやればいいんだよ。

「お義父さん、お義母さん、この子にそんなにたくさんお菓子をやるのは、かわいくない孫だからよね。将来、生活習慣病にでもなって、早く死んでほしいのね」

そう言われたら、ジジババだってギクッとする。「そんなわけないだろ！」って怒りだすかもしれない。で、こう続ける。

「欲しがるからってどんどんお菓子をあげてると、虫歯になるのはもちろんだけど、大げさじゃなくて命にかかわるわよ。**本当にかわいいんだったら、少ししかあげないとか、あげるのを止めるとかってしないと**」

ただ、旦那の親にここまで言うのは勇気がいる。旦那に言わせてもいいかもな。どっちにしろ「やめてほしい」って祈ってるだけじゃ、相手には絶対に通じない。子どもの虫歯がどんどん増えていくばかりだ。**たまには旦那の親にもバシッと言って、**「ウチの嫁は怒ると怖い」と思わせるのもいいんじゃないか。

【お悩み６】

80歳近い義母が50代の義兄の世話をあれこれ焼いてるのは変だと思う

夫の実家では、義母と義兄が二人で暮らしています。

義兄は50代半ばですが、独身で無職です。

もうすぐ80歳になる義母が、今でも食事の支度、洗濯など、身の回りの世話をあれこれやと焼いています。

それを当たり前のこととして、夫も義兄も気にしていないですが、実家でその様子を見るにつけイライラします。

この先、もし義母の具合が悪くなったら義兄はどうするのか、そもそも高齢の母に甘えて恥ずかしくないのか……などと思い、怒りすらわいてきます。夫に何度も話しましたが、余計なことを言うなといつも怒られてしまいます。

本当に余計なお世話でしょうか？


（49歳、女性）

■腹を立てても、怒り損。あなたと旦那の関係をよくすることが先決だ

余計なお世話とは言わないけど、**あなたがイライラする必要はないよ。**何を言ったところで、義理のお兄さんが急に働き始めることはないだろうし、お義母さんが世話をやめることもないだろう。いくら腹を立てても、言ってみりゃ怒り損だ。

もしかしたら、高齢のお義母さんに何かあったときに、自分たちが義理のお兄さんの面倒を見ることになりそうだっていう心配があるのかもしれない。そうなったらたまったもんじゃないよな。だけど、今は直接の関係はないし、**旦那にしてみれば身内を悪く言われてるみたいに感じて、キツイ口調で怒りたくなるんだろう。**

たしかに、やがてお義母さんに介護が必要になったりしたら、こっちの生活にも大きな影響がある。旦那も「余計なことを言うな」と言って現実から目をそらしてないで、先々のことを夫婦で相談しなきゃいけない。

最初にしたほうがいいのは、なんで自分はそんなに義母と義兄のことで怒っている

のかを考えてみることだ。先々のことが心配だから怒っているのか、もともと二人が嫌いなのか。話を聞いてくれない旦那への不満が募っていて、その矛先を義母や義兄に向けているのか。もしかしたら、全部が重なっているのかもしれないな。

ちゃんと話し合おうとしない旦那だったら大ゲンカしたほうがいい

　とりあえず自分で手を打てるのは、旦那との関係だ。もし今、旦那に「お義兄さんは、いい歳してあのままでいいの！」「お義母さんもお義母さんよ、いったい何を考えてるの！」なんて言い方をしてるとしたら、そりゃ「ウルサイ！」ってことになる。ちゃんと「お義母さんとお義兄さんについて、こういうことを心配しているのよ」って話せば、旦那も「そうだな」と考えるだろう。

　それでも「余計なこと言うな！」としか言わない旦那だったら、大ゲンカしたほうがいい。実家に帰るなり家出するなりして、反省させてやれ。妻を黙らせて「俺についてくれればいいんだ」なんてやり方は、今の時代はもう通用しない。**解決策は簡単に**

は見つからないかもしれないけど、夫婦で一緒に考えることが大事なんだ。

実際、二人の暮らし方を変えるのは無理だろうね。打つ手があるとしたら、今から旦那に「私はお義兄さんの面倒を見る気は、いっさいありませんから」と宣言しておくことかな。相談の文面からは義母と義兄の経済状況はわからないけど、多少は余裕があるならほっとけばいいし、ないならないなりの方法を探すしかない。

旦那としては、もし向こうが困った状況になっていたら無理をしてでも援助しようとするだろうけど、それも限度がある。あなたが情に流されない冷静な意見を言って話し合わないと、共倒れになりかねない。そこまでいかないにしても、今以上にイライラしたり怒ったりすることになるだろうね。

今の状況でいちばん大事なのは、あなたが自分の中の怒りをしずめることだ。せっかくの人生なのに、毎日を怒りながら過ごしてたらもったいない。「自分がどうにかできること」と「どうにもできないこと」を分ければ、悩みもイライラもずいぶん減るはずだ。あとは、いちばん大事な存在であるはずの旦那と、どうすれば仲よく暮らせるかを考えよう。そのためにも、自分が穏やかな気持ちでいないとね。

【お悩み７】

父が70歳でリタイアしたものの「抜け殻」になって、母に離婚されそう

70歳の父と67歳の母がいます。私は一人娘です。

父は70歳になったのを機に、再就職して働いていた会社を辞めて無職になり、その途端に「抜け殻」になってしまいました。一日じゅうボーッとテレビを見ているだけで、散歩や買い物にも出かけようとしません。

母は元気で、毎日あちこち飛び回っています。

最近では、いくら言っても変わろうとしない父にすっかり愛想を尽かしていて、冗談っぽい口調で「もう離婚しちゃおうかしら」と言っています。本当にそうなるかもしれません。

どうすればいいでしょうか？

（43歳、女性）

■夫婦のことは当人同士しかわからない。さりげなく見守ってあげよう

これはね、ボーッとさせてあげてほしいな。お父さんは70歳になるまで家族のためにせっせと働いてきて、やっとのんびりできる身分になったわけだ。

ほら、バリバリ働いている世代の人が、将来の夢を聞かれて「リタイアしたらのんびり暮らしたい」なんてよく言ってるじゃない。お父さんは、ようやくその夢を手に入れたわけだ。ボーッとしていたいうちは、ボーッとしてていいんだよ。**そのうちボーッとするのにも飽きて、なんかやりたくなるんじゃないかな。**

お母さんも、本気で離婚する気があるわけじゃない。ただ、お父さんの相手をしてても疲れるだけだから、自分で行きたいところに行ってるんだろう。歳を取った夫婦の場合はなおさらだけど、相手に無理に合わせようとしないで、それぞれが自分のペースを守ったほうがいい。**それが夫婦円満の秘訣だよ。**

娘であるあなたとしては、お母さんがお父さんの相手をしないんだったら、代わり

に話し相手になってあげるといいんじゃないかな。お母さんがいないあいだも、ちゃんと栄養のあるご飯食べさせたりとか、健康も気遣ってあげるといいね。娘が誘えば、きっと買い物ぐらいは一緒に行く気になるよ。

あくまであなたにできる範囲での話だけど、お母さんにも「お父さんは私が見ていてあげるから、心配しないで出かけてきて」と言って、二人を離してあげてもいいと思う。お母さんは本当は友達と旅行に行きたいのに、お父さんがいるからって我慢してたりすると、八つ当たりで冷たい態度をとっちゃうかもしれない。それはお互いに可哀想だ。

両親の不満を聞いてあげられるのは娘であるあなただけ

夫婦っていうのは、十組いれば十通りの形がある。**とくに長年連れ添った夫婦は、本人たちにしかわからない阿吽《あうん》の呼吸みたいなのがあって、**はたから見ると理解できない部分も多いからね。もし、あなたの中に「夫婦は本来こうあるべきだ」というイメージがあって、両親がそれに当てはまらないことを気にしているんだとしたら、まったく心配ない。お父さんとお母さんは、**自分たちにとって居心地がいい「夫婦の形」**をやってるんだよ。

そうはいっても、どちらにも相手への不満はあるだろう。それを聞いてあげられるのは、娘のあなただけだ。聞いたからって、わざわざ相手に伝えちゃダメだよ。そんなことしたら仲が悪くなるだけだ。アドバイスもたいていの場合は必要ない。深刻な問題じゃなくて相手への不満程度のことは、黙って聞いてあげるのが何よりの親孝行だと思うね。

あなたの心配はわかるし、**そうやって心配してあげているあなたは、とてもいい娘さんだよ。**どうしたって気にはなるけど、夫婦の問題には子どもでさえも入り込めない部分がある。両親が楽しい老後を過ごせるように、これからもさりげなく見守って、さりげなく手を差し伸べてあげてくれ。いい娘さんを持って、あなたのご両親は幸せ者だよ。

【お悩み８】
70代の両親は年金が月12万円。自分も援助する余裕がなくて辛い

両親は二人暮らし。73歳の母親は病弱で寝ていることが多く、74歳の父親が面倒を見ています。

年金は二人合わせて12万円ちょっとで、父は交通誘導員の仕事を続けています。なにぶん高齢なので、体力的にかなりきつそうです。しかし、貯金もないので、仕事をしないと生きていけません。私が援助してあげられたらいいのですが、シングルマザーで生活にまったく余裕がない状態です。他県に嫁いだ妹がいますが、子どもにお金がかかるからと言って助けてくれません。私としては、なるべく実家に顔を出して、食事の準備や母の入浴を手伝ったりするのが精いっぱいです。

これでもし父も働けなくなったら、どうなってしまうのか……。日に日に追い詰められて暗い気持ちになる一方です。

（51歳、女性）

■あなたはよくやっているよ。だから頑張りすぎないでほしい

あなたは、ご両親を十分にお世話している。たいしたもんだよ。まずは「お疲れさま。頑張ってるね」というねぎらいの言葉を贈りたい。

その上であえて言いたいのが「頑張りすぎるのはよくないよ」ってことだ。全部受け止めて、全部独りで抱えていたら、あなたもつぶれて共倒れになってしまう。そうならないことがいちばん大事なんだけど、このままだとかなり危なそうだ。

まずは「独りで抱え込む」ことをやめよう。**この状況は、あなたがどんなに頑張っても解決はしないよ。**できるだけ早く、役所の窓口に相談に行ったほうがいい。近所の民生委員も紹介してもらえるはずだ。生活保護を受けるなり必要な福祉サービスを見つけるなりして、袋小路から抜け出すことを考えよう。

お父さんだってかなり無理して働いているんだろうし、何よりあなた自身を早く救ってあげないと手遅れになる。

50代ぐらいだと、親の面倒は子どもが見ないといけないとか、役所の世話になるのは恥ずかしいとか、そんなふうに思っている人がいるのかもしれない。自分を苦しめるだけの考え方は、さっさと捨てようじゃないか。

協力してくれない妹さんを責めるのは、ちょっと違うと俺は思う

まずは自分が健康で幸せに暮らしていくことを考えないと、親にだってやさしくできない。毎日が辛くて苦しくて、親を憎んだり恨んだりしてしまうケースもあるけど、そんな悲しいことはないよ。

「世間にどう見られるか」なんてことを気にしている場合もある。世間がどう思ったっていいじゃないか。**世間なんて、あなたたちの人生に何の責任も持ってくれないし、助けてもくれない**んだから。そもそも、こっちが思うほどこっちのことを気にしちゃいない。世間は無視して、あなたと両親にとっていちばんいい方法を考えよう。

妹さんが協力してくれないことを嘆いているけど、責めるのはちょっと違うと俺は

思うな。妹さんは自分の生活を大事にしてるわけだ。しっかりしているからこそ距離を置いているのかもしれない。どんな手を打てばいいのかは、もうちょっと一緒に考えてほしいけどね。

　昔の人は「人生の前半は親によって、後半は子によって台無しにされる」と言った。若いときは親に、歳を重ねてからは子どもに振り回されるってことだ。それが今は、みんなが長生きになって**「前半は親に、中盤は子に、後半はまた親に台無しにされる」**という時代になってしまった。親だって、子どもの人生を台無しになんてしたくないはずだし、そんなつもりはさらさらないんだけどね。

　精いっぱい頑張ることは大事だけど、「無理して頑張らなくてもいい方法」を頑張って考えることも大事だ。勇気を出して「助けてほしい」っていう声をあげよう。**それはけっして逃げじゃない。**その声に十分に応えられるように、政治家にも頑張ってもらわないとね。あなたやご両親のように、真面目に生きている人が穏やかに毎日を過ごせない世の中は、どこか間違ってるよ。

【お悩み9】

母親が80歳になった。近ごろ外出するのを嫌がるようになって心配だ

母は80歳です。

近ごろ急に、外に出かけるのを嫌がるようになりました。家にこもってばかりだと、余計に老け込むし体力も落ちてしまうので、会うたびに「もっと出かけたほうがいいよ」と何度も促しますが、なかなか重い腰をあげてくれません。

もともと人付き合いが苦手で、コロナのことも心配なので、もうしょうがないのかなと半分あきらめてもいるんですが……。

母を出かける気にさせるいい方法はないでしょうか。アドバイスよろしくお願いいたします。

（50歳、女性）

■娘の自分が行きたいところにお母さんを連れ出すのがいちばんだよ

これは、娘のあなたが一緒に出かけてあげるのがいちばんいいよ。口で言うだけだと、なかなか動かないだろうな。歳を取って足腰が弱ってくると、どんどん出不精になる。俺はそうならないように家でスクワットしたりスポーツジムに通ったりしてるけど、昔よりフットワークが軽くなるってわけにはいかないからね。

娘にしてみれば、親はいつまでも元気ハツラツなイメージがあるかもしれない。だけど、**歳相応に体力が落ちたことに気付いてあげないといけない時期が来たってことだ。**たしかにコロナは心配だけど、神社とか公園とか密にならない場所はたくさんあるから、そういうところに行けばいいよ。

親がそれなりに小金を持ってるなら、**「今日はあのお店で天丼おごってね」「今日は鰻が食べたいな」**なんておねだりするのも手だ。そしたら親のほうも「娘に面倒かけて申し訳ない」なんて思わずに、堂々と連れて行ってもらえるからね。こっちだってそういう楽しみがないと、だんだん面倒臭くなってくるかもしれないしな。

親に「どこに行きたい？」って聞いても、とくに行きたいところがないなら、娘の行きたいところに行ったっていいんだよ。「買いたいものがあるから」とか「あそこの神社のお守りが欲しいから」とか言って。

自分が一方的に世話になってると思うのが、親としてはいちばん嫌なんだ。「天丼をおごってあげる」でも「娘が言うからしょうがなく一緒に行ってあげる」でも何でもいい。有用感っていうのかな、**自分が果たす役割があると思うことで活力が湧いてくるんだよ。**

それに、家にじっとしてたら着たきり雀になりがちだけど、出かけるとなれば髪の毛を撫でつけたりお化粧のひとつもしてみたりして、身なりにも気をつかうようになる。新しい洋服が欲しいなんて思うかもしれない。お母さんもきっと、今よりグレードアップしてチャーミングになるよ。

親と一緒に出かけるといい勉強になるし、いつもはできない話もできる

一緒に出かけるのは、子どもにとってもいいことだらけだ。親の足腰の衰えを実感して、こうして歳を取っていくんだなと知ることができる。日常生活を離れて違う場所に行くことで、歳を取ったらこういうところを喜んで、こういうことに興味を示すんだなということもよくわかる。自分だってやがて行く道なんだから、いい勉強になるはずだ。

外に出かければ、いつもはできないような話もできる。「どうしてお父さんと結婚したの？」「私は小さい頃、どんな子どもだったの？」なんて聞いてみるのもいいんじゃないか。**親があの世に行ってから「聞いておけばよかった」と思ったところで、もう遅いんだから。**

前に聞いたことがある話でも、また聞けばいいんだよ。過去のことを自分の言葉で話させるのは、認知症を予防する「回想法」っていう手法にもなってる。

親がだんだん歳を取っていくのは、逃れようのない運命だ。体力が衰えるだけじゃなくて、物事に対して消極的になっていくかもしれない。「前はもっと元気だったのに」「前はもっと意欲的だったのに」と、**昔と比べてガッカリしたら可哀想だ。**若い頃とは違う自分にいちばんガッカリしているのは、親自身なんだよ。今の状態に合わせて、子どもとしてどんな手助けができるかを考えながら、いい毎日を過ごさせてやってくれ。

第3章　介護で苦しまないための心得

——認知症で別人のようになった85歳の母親に嫌悪感を抱いてしまう（59歳、女性）

【お悩み1】

認知症で別人のようになった85歳の母親に嫌悪感を抱いてしまう

母親は85歳です。父は10年ほど前に旅立ち、それから独り暮らしを続けてきました。子どもの頃から、やさしくて明るくて働き者の母が大好きでした。私が進路や仕事で悩んだときには、親身になってあたたかいアドバイスをしてくれました。

体が弱ってきたこともあり、3年前からウチで同居しています。最初はしっかりしていたのですが、ここ1年ほどで認知症が進んで、別人のようになってしまいました。今は食べることにしか興味がなくなり、私の顔を見ると「ご飯はまだ?」としか言いません。食べたばかりなのに「早くご飯にして」と言い出すこともあります。こんな母が嫌いです。憎しみすら抱いてしまいます。そんな自分も嫌いです。病気のせいだとわかってはいるんですが、マイナスの感情を抑えられません。

(59歳、女性)

■過去のイメージは切り離して相手を見ないと、お互いが不幸になる

辛いよな。まず言いたいのは、あなたは自分を責める必要はないっていうこと。いろんな感情が湧いてくるのは、それだけ一生懸命に毎日お世話をしてるってことだし、今もお母さんが大好きだってことなんだから。

人間の感情ってのは厄介なもんで、「嫌いと思うなんて許されない」と自分を抑えようとすればするほど、逆にその感情がふくらんでくる。

「本当は大好きだけど、嫌いと思ってしまうこともある」ってことで、まずは自分を許してあげてほしい。

認知症というのは、その人を大きく変えてしまう。**同じ顔してるから元気だった頃と重ねて見ちゃうけど、もう「別の人」なんだよ。**

過去のイメージを持ち続けていると、毎日「なんでこんなこともできないの」「なんでこうなっちゃったの」と思うことばっかりで、腹が立つし嫌いにもなってしまう。

いくら「なんで」と思っても、認知症になるのに理由なんてない。もちろん、お母さんだって、なりたくてなったわけじゃない。

あなたのお母さんは、今は夢の中で生きている「夢追い人」なんだ。一緒に暮らしてるのは、あなたが覚えているお母さんじゃなくて、姿かたちがよく似ている別の人なんだよ。

しかも、記憶力や理解力があんまりなかったりするから、世話をするのはたいへんだ。本人は夢の中に生きているからいいんだけどね。もちろん、そう簡単に「別の人なんだ」とは思えない。介護する側はかなりの覚悟がいるよ。

経験者やお医者さんの話を聞くと、**誰しも最初はしっかりしてた頃の姿を引きずって見ちゃって、イライラしたり憎しみを抱いたりするみたいだ。**

それがエスカレートすると、虐待なんてことにつながりかねない。そういう事件も、よく聞くよな。覚悟を決めて過去のイメージは切り離して相手を見るようにしないと、お互いが不幸になってしまう。

何がいけなかったかは理解できなくても、怒られたらプライドは傷つく

　その上で、ちょっと個性的なタイプなんだと思って、ご飯を食べたことをすぐ忘れちゃったとしても、「そういう人なんだ」と受け止めて許すことが大事だ。

　もうひとつ大事なのが、**相手の尊厳を傷つけないこと。**「もう食べたでしょ！」なんて怒ったって、相手は理解できないんだから。だけど、怒られたらプライドは傷つく。乱暴な言葉をぶつけると、ぶつけたほうも余計にイライラするしな。

　子ども返りっていうか、お母さんは幼児になったんだよ。昔のイメージとは切り離して相手を見ることは、認知症になった身近な人を介護する側の義務と言ってもいい。難しいし、お母さんとのいい思い出までなくなっちゃうみたいで抵抗があるかもしれないけど、やらなかったら自分が苦しむことになる。

大丈夫、今は今、過去は過去だ。大切な思い出や記憶はなくならないよ。

　俺だって家では、カミさんに「3歳児」って言われてる。それだけ手がかかるってことらしい。このあいだ電話で誰かと話してて、「3歳児が今起きたから、ご飯の支

度してるのよ」なんて言ってた。かなり態度がでかい3歳児だけどな。ハハハ。

親が長生きしてくれるのは、嬉しいことではあるけど、たいへんなことも起きてくる。お母さんはあなたと一緒に家で過ごせて、きっと嬉しいはずだ。上手に息抜きして、穏やかな気持ちを保って、快適に過ごさせてあげてください。

【お悩み2】

88歳の父は横柄な性格で顔を見るだけで腹が立つ。もう縁を切りたい

88歳の父親が同じ市内で独り暮らしをしています。母親は認知症が進んで、2年前に施設に入りました。父親は昔から横柄な性格で、ちょっとしたことですぐキレて、いつも家族に怒鳴り散らしていました。外面はいいのですが、家の中では人の悪口しか言わないような人です。昔から大嫌いですが、私は一人娘で日常生活の世話をせざるを得ません。毎日顔を出しては、ご飯を作るなど面倒を見ています。

しかし、歳を取ってますます横柄になり、毎日のように理不尽な怒りをぶつけてきます。顔を見るだけで腹が立って、嫌悪感や憎しみがどんどん募ってきます。もう限界です。どうすれば縁を切ることができるのか、毎日それればかり考えています。

私は、この父親の世話を放棄してもいいでしょうか？

（60歳、女性）

■相手は今さら変わらない。自分が受け止め方を変えて衝突を減らそう

そうか、苦しいな。毎日腹が立つことを言われて、父親の世話を放棄したいとまで思い詰めてる。そう思ってしまうことで、また苦しい気持ちになっている。

頑張ってるよな。もしあなたが目の前にいたら、頭をなでてあげたいところだ。**まずは顔をあげて空を見上げて、思いっ切り深呼吸してみよう。**

どんなに嫌いな親でも、簡単に縁を切ることはできない。自分が蒸発して別の場所で名前を変えて生きていけば、親との縁も切れるかもしれないけど、そんなことは現実には不可能だ。それに、本当に縁を切ってそのまま親が亡くなったら、きっと悔いが残るよ。

「横柄な性格で、ちょっとしたことですぐキレて、いつも家族に怒鳴り散らして」いたような人間と付き合っていくのは、たしかにたいへんだ。ただ、88歳の人の性格は、今さら変わらない。**「変わってほしい」と思えば思うほどストレスが増すばかりだ。**

現状をいい方向に変えるには、これはもう自分が受け止め方を変えるしかない。

すぐキレて扱いづらい父親は、言ってみれば瀬戸物なわけだ。硬いわりにはすぐパリンとなる「割れ物」だね。こっちも硬い瀬戸物だったら、接するたびにぶつかってお互いにすぐ割れちゃう。割れなかったとしても、ガシャガシャと嫌な音が出る。それは自分にとっても不愉快なことだ。

だったら、こっちは布団になればいい。**割れ物をふんわり受け止めれば、壊れて面倒なことにならないし、嫌な音も出ない。**理不尽なことを言われたからと、言い返したり怒ったりしないで、「そうね」と穏やかに受け止めてあげよう。「なんで私がそんなことを」と思うかもしれないけど、それが苦労を少しでも減らすための知恵だ。

親の介護で苦労した人は、そのあといい人生を送れる。俺はそう思ってる

今は親の世話でいっぱいいっぱいかもしれないけど、自分のこれからのことも考えなきゃいけない。子どもである自分のほうが先は長いわけだから、これからどんなジジイやババアになっていくかも大事だ。手のかかる親や憎たらしい親は、子どもがいいジジイ、ババアになれるように鍛えてくれてるんだって考えることもできる。

とはいっても、横柄な態度でわがままばっかり言われたら気が滅入るよな。以前、阿木燿子さんに教わったんだけど、夫の宇崎竜童さんの父親を長く介護してたときに「お義父さんの3つの言葉で救われた」って言ってた。**その3つの言葉っていうのは「ありがとう」「すまないね」「惜しいなあ」**。

あなたの父親は、実際はそういうことを口にできないかもしれないけど、「心の中ではそう言ってる」と思っちゃえば、少しは気持ちが楽になるかもしれない。

多くの人を見てきて言えるのは、**親の面倒を見た人は、いい年寄りになれるってことだ。**とくに介護で苦労した人は、そのあといい人生を歩める。俺はそう思ってるし、やっぱりそうだと思いたい。

今、「ヤングケアラー」が注目されてるよね。社会が無関心過ぎたのは大問題だし、助けてあげなきゃいけない。それは当然だけど、家族の世話で苦労している子は、きっといい大人になるよ。その経験はマイナスなだけじゃないはずだ。

ただ、すべてを自分が背負い込む必要はない。**肉体的にも精神的にもつぶれてしまわないように、行政や周囲の力を上手に借りよう。**そうしながら、できるだけのことをしてあげるのがいいんじゃないかな。

手のかかる親の面倒を見た経験も、いつか振り返って「あれはいい勉強だった」と思える日が来るよ。「親の世話ができるのは幸せなことなんだ」と感じることだってあるかもしれない。ま、それはいなくなったあとかもしれないけど。

どんなやり方を選ぶにせよ、**大切なのは悔いを残さないことだ。**人生も川も、クイが残ってると余計なものが引っかかって流れがよどむからね。

【お悩み3】

子どもの頃からずっと両親が大嫌い。親不孝な自分も嫌でたまらない

子どもの頃から、両親が嫌いでした。友だちに「親が嫌いだ」という話をすると、「そんなのはヘンだ。親不孝だ」と責められます。そう言えるのは「常識があって子どもに愛情を注ぐことができるいい両親だからだ」と思っています。

ウチの両親はもうすぐ80歳になります。客観的に見て性格にかなり難があるし、子どもへの愛情も感じたことがありません。でも、親は親であり、曲がりなりにもその両親に育ててもらいました。今も頻繁に連絡してきて、あれこれ頼ってきます。

今さら両親を好きになりたいとは思いませんが、嫌いという気持ちを持ち続けるのは辛いです。やっぱり両親を嫌うのは親不孝なのかと思うと、そんな自分が嫌でたまりません。どうすれば気持ちが楽になるでしょうか。

（47歳、男性）

■好きになれない親もいるよ。そういう親として受け入れればいい

世の中には、いろんな親がいる。ホームドラマや泣ける映画に出てくるような、やさしくて子ども思いの親ばかりじゃない。**子どものほうだって、立派なのもいればダメなのもいるから、尊敬できる素晴らしい親ばかりじゃないのは当たり前だ。**

憎たらしいジジイやババアがいても、他人だったら「まったく、しょうがねえな」と思ってればいいけど、それが自分の親だったらそうはいかない。近い関係だからこそ、困った部分が余計に目に付くってこともあるだろう。

どんなにロクでもない親でも、子どもとしては「親を悪く思っちゃいけない」って後ろめたさが付きまとう。ましてはっきり「嫌い」と自覚していたら、罪悪感や自己嫌悪を覚えることになりそうだ。

子どもが親に対して「もっとこうなってほしい」「どうしてこうなんだろう」と思うのは、ただのないものねだりだ。こっちの勝手なワガママだと言ってもいい。そう

いう親のところに生まれたのは自分の運命なんだから、受け入れるしかないんだよ。

親には親の人生や都合があって、その中で精いっぱい生きてるんだから。

「こういう親じゃなきゃいけない」っていう決まったパターンは、どこにもない。極悪人の子どもだって、立派な人に育つこともある。親が自分の背中で「こういう人生は俺だけで終わらせろよ」と語ることもあるし、子どもが親を反面教師にして学ぶこともあるだろう。


逆に、いい親だからっていい子ができるとは限らない。禍福は糾《あざな》える縄の如しだし、人間万事塞翁《さいおう》が馬ってことだよ。

困った親にイライラしてもストレスになるだけ。反面教師になってもらおう

高齢の親がデイサービスに行きたがらないとか、ほかの人とうまく付き合えないとか、ワガママばっかり言い出すみたいな話も、よく聞くよな。「なんでウチの親はこうなんだ」と腹が立つけど、今さら親の性格や行動は変わらない。

ものは考えようだ。こういう年寄りもいるんだと、親は身をもって見せてくれているとも言える。それもまた一種の教育かもしれない。親にイライラしたり怒ったりしても、お互いにストレスになるだけだ。反面教師になってもらって、自分はそんな親にならないように気を付ければいい。

「子どもは親を好きなのが当たり前だ」っていうのも、世の中の無責任な決めつけだ。好きになれないこともあるよ。それはしょうがない。「好きになれない自分はダメな子どもだ。親不孝だ」なんて思っちゃうと、**好きにならせてくれない親を逆恨みして、余計に嫌いになるんじゃないかな。**「そういう親なんだ」とありのままを受け止めて、冷静な目で見てあげればいいんだよ。

無理に好きにならなくたって、親との縁はそう簡単には切れない。それが厄介なところでもあるけど、ありがたいところでもある。確実に言えるのは、その親がいなかったら自分は存在していないってことだ。

自分がいい人生を送っていれば、どんな親だろうと文句なんて言う必要はない。親にどういう感情を抱くかは、結局は自分自身の問題かもしれないな。

【お悩み4】

77歳の母親とやがて一緒に暮らすことを考えると死にたくなる

母親は77歳です。3つ違いの姉がいます。母とは、思春期の頃から衝突ばかりしていました。就職してからは長く疎遠でした。昔から口から出てくるのが愚痴や不満ばかりで、一緒にいるとイライラしてきます。今はたびたび会っていますが、毎回のように、お互いきつい言葉をぶつけ合ってしまいます。そして後悔します。

姉は遠くに嫁いでいて、私は独身で母の近くに住んでいます。やがて自分が母親と一緒に住むことになりそうです。高齢の母が心配なので、自分でもそうしたほうがいいとも思っています。でも、母と暮らすことを想像すると、絶望的な気持ちになります。「死んでしまいたい」とすら思います。母を大事にしたいし恩返しもしたいけど、拒絶している自分もいる。どう折り合いを付ければいいでしょうか。

(54歳、女性)

■自分の生活パターンを変えて、二人だけの狭い世界から抜け出そう

これはまた、ずいぶん思い詰めちゃってるな。たとえ本気じゃないにしても、「死んでしまいたい」なんて言っちゃダメだ。死ぬほど嫌なんだったら、同居なんてしなくていいよ。

自分が同居するしかないんだと決めてるみたいだけど、まあそこは、いろんな事情や考えがあるんだろう。

今のあなたは、**お母さんと自分との1対1の関係の中に閉じこもって、がんじがらめに縛られてるみたいだ。**まわりも見えなくなってる。あなただけじゃなくて、お母さんもきっとほかに関心を向ける対象がない。だから、会うたびにキツイ言葉をぶつけ合って、ケンカみたいになるんじゃないのかな。

まずは、自分の生活パターンを変えてみよう。同性の友だちでもボーイフレンドでも、気の合う相手と楽しく過ごす時間を増やす。独りで趣味に没頭してもいい。今の

ところとくに趣味がないなら、映画でもお城めぐりでも人形作りでも、あれこれ手を出して探してみる。

無意識のうちに閉め切ってしまっている雨戸を開けて、お日様にあたりながら広い世界に目を向けることで、二人だけの狭い世界から抜け出そう。

お母さんは、犬とか猫とかペットを飼うといい。高齢の親が動物を飼うことで心が和んだって話はよく聞くからね。

マンションの規約で動物は飼えないとか、最後まで面倒を見る自信がないとかっていうことなら、鳥を飼うのもいいかな。鳥なら散歩に連れて行く必要もないし、家をあけられないってこともない。

一緒に暮らすことになったとしても、動物なり鳥なりがいたら会話のきっかけになるし、クッションにもなってくれる。

今だって、どっかに出かけるときは自分の友だちを連れて行くといいんじゃないかな。お母さんの友だちでもいい。そうやって周囲にも助けを求めながら、二人だけの息が詰まる状況を壊していこう。

心配ってヤツはすればするほど不安や葛藤が増えるばっかりだ

　俺の知っている50代の女性の親は、今は施設に入ってるんだけど、普段は穏やかで愛想がいいのに娘が来ると怒鳴り散らすらしい。娘には甘えられるもんだから日頃の反動が出るんだな。娘のほうも、腹は立つけど「自分にしか言えないから」と思って、ウンウンって話を聞いてあげてる。

　これだって、いっぺんにたくさんは受け止められない。あなたの場合は、頻繁に電話をする手もあるよね。**「生きてるかなと思って電話した」なんてふざけた調子で電話をかけて、どうでもいい話をする。**そこから関係が変わっていくかもしれない。愚痴や不満を言い始めても、少しなら聞いてあげられるしね。

　折り合いを付けたいって最後に書いてあるけど、それには先回りしてあれこれ心配しないことだな。用心は大事だけど、心配ってヤツはすればするほど不安や葛藤が増えるばっかりだ。顔を上げて視野を広げて、とにかく行動してみる。うまくいかなかったらまたやり直せばいいんだよ。**失敗は成功の母、心配は失敗の母だ。**

あなたが生まれてきたのも、母親がいたからこそ。辛いことも楽しいこともあっただろうし、気に入らない部分もあるだろうけど、母親は掛け替えのない存在なんだ。そのことだけはしっかりと心に留めておいてくれよ。

【お悩み5】

自宅で介護している90歳の義父が〝犬食い〟する姿を見るのが辛い

90歳の義父の認知症が進行して、2年前から自宅で介護しています。現役時代はいくつも会社を興して、周囲から尊敬を集めていた人でした。私の夫も義父の会社を引き継いで、今は社長をやっています。義母は10年前に先立ちました。

介護はそれなりにたいへんですが、不平や不満はありません。ただ、義父のご飯の食べ方が気になります。最近はお皿に顔を近づけて、いわゆる〝犬食い〟をするようになりました。食べる量も際限がなくなって、食べては吐きを繰り返しています。

食べるのが楽しみなので、なるべく制限したくないのですが、誤飲につながりそうで怖いです。何より〝犬食い〟をしている姿を見るたびに、「あんなに立派だった義父が」と思って、やるせない気持ちになります。どうすればいいのでしょうか。

（63歳、女性）

■もっと深いところで「助けてください！」と叫んでいる気がする

認知症のお義父さんの面倒を見るのは、ホントにたいへんだよ。エライよね。ひとつ間違えたら、自分がおかしくなりかねない。あなたは文面を見ても、落ち着いて現状を伝えて自分の気持ちを分析してるから、きっと大丈夫だと思う。

でも世間には、介護がきっかけで共倒れになったり、悲惨な事件が起きたりという例はたくさんあるからね。**介護している人は、独りで背負い込んだら、絶対にパンクする。まわりにどんどんＳＯＳを出してほしい。**遠慮なんてすることはない。いちばん大事なのは自分自身がまともな状態でいることなんだから。

あなたの場合、落ち着いているように見えるところが、むしろ心配だ。相談内容は、お義父さんの食べ方や食べ過ぎについてだけど、俺はもっと深いところで、あなたが「助けてください！」と叫んでいる気がする。

犬食いをしているお義父さんを見て、「まったくもう！」と腹が立ったからといって、自分を責めなくていいんだよ。あなたは十分に頑張ってるんだから。「自分がやらなきゃいけない」「きちんとお世話しなきゃいけない」っていう気持ちは大事だけど、建前に縛られて自分に無理をさせることはない。

「犬食いをしている姿がやるせない」というのは、大きくて深い不満や溜まった疲れが、そこに凝縮されているんじゃないのかな。深読みし過ぎだったらそれはそれでいいんだけど、人は意外に自分の本音に気づくのがヘタだからね。

自分で何もかも背負い込まず、いろんなところにどんどん助けを求めよう

人間の老いについて研究している先生に教えてもらったんだけど、認知症の人は否定されることがいちばん嫌なんだって。食事したあとで「ご飯はまだ？」と聞かれて、「もう食べたでしょ」と否定するのはよくない。「なんで食べさせてくれないんだ」と不安になっちゃう。「そうね、まだだったわね」って言ってクッキーの1枚でも食べれば、本人は安心するそうだ。

こういうことは介護の専門職の人に聞けば、いろんな知恵を持っていると思う。もしかしたら体に力が入らなくて、頭が前に倒れてきちゃうのかもしれない。**お義父さんはお義父さんなりに、生きることを一生懸命に頑張ってる。生きているだけで立派だよ。**「こんなに長生きしてくれて、なんて素敵なお義父さんだろう」と思ってあげようじゃないか。

自分をたっぷりホメてあげることも大事だ。寝る前に鏡を見ながら「今日も頑張ったね。エラかったね」と、自分で自分をねぎらってあげよう。

くれぐれも心がけてほしいのは、自分で何もかも背負い込むのをやめて、助けを求めようってことだな。旦那の親なんだから、まずは旦那に助けてもらおう。公的な制度も最大限に利用して、専門家にもどんどん頼ろう。**少しずつ荷物を減らしていけば、きっと気持ちも変わってくる。**

今、日本には介護が必要な人が６００万人以上もいる。親も自分も順番に歳を取っていくわけだから、誰にとっても身近で切実な問題だ。「どんどんＳＯＳを出そう」「ＳＯＳを敏感に察知しよう」という認識は、みんなで持っていたいね。

【お悩み6】

兄をひいきし続けてきた82歳の母親への憎悪が苦しい。兄も憎い

4つ違いの兄と二人兄妹です。両親は昔から、長男である兄ばかり大事にしてきました。父は5年前に他界しましたが、82歳の母の兄びいきは今も続いています。兄は仕事が長続きせず、両親がずっと援助してきました。結婚はして子どももできましたが、頼りない兄と過干渉の両親に愛想を尽かして、妻と子どもは出ていきました。

兄は家を建てるときに頭金を親に出してもらい、結局ローンもほとんどを払ってもらったようです。ところが数年前、私の子どもが大学に入学したときに学費を援助してほしいと頼みに行ったら、「そんな余裕はない」と断わられました。

兄ばかりひいきする母親も、亡くなった父親も、憎くてたまりません。兄のことも憎いです。心の中が憎悪でいっぱいで、とても苦しいです。どうか助けてください。

（55歳、女性）

■実家から自立して、自分の家族と一緒に自分の人生を生きればいい

「血は水よりも濃い」ということわざがある。親しい他人よりも血のつながった身内同士のほうが、絆が強くて頼りになるって意味だ。ただ、その濃さは、いいことばっかりじゃない。**身内に憎しみを抱くと、際限なくエスカレートしてしまう。**

5年前に亡くなったお父さんにも、強い憎しみを抱いているわけか。なかなか根深いな。両親やたった一人の兄貴が憎いのは、さぞ辛いだろう。お金のこともだけど、あなたの中でモヤモヤしてるのは、親御さんが「昔から兄ばかりをひいきしてきた」ってところじゃないのかな。

親御さんの世代だと、男の子、とくに長男を大事にする意識が染みついている人は多い。**抗議しても、こっちがなんで怒ってるのかわかってはくれないだろうな。**それに、お父さんはもういないわけだし。

結論から言うと、実家から自立するのがいいよ。あなたは結婚して別の家庭を持っ

て、子どもも大学生になった。親や兄貴に言いたいことはたくさんあるかもしれないけど、いつまでも感情をかき乱されることはない。物理的にも精神的にも距離を置いて、自分の家族と一緒に自分の人生を生きればいいんじゃないかな。

　きつい言い方になるかもしれないけど、**俺にはあなたが親離れできていないように見える。**「兄さんばっかり親に面倒を見てもらっていてズルい」「私にはどうして冷たいのか」という不満があるようだけど、それは「私だってもっと親に甘えたい」という気持ちの裏返しだ。「兄さんだけじゃなくて私も見て」と心の中で叫んでも、親や兄貴は変わらないから憎悪ばっかりがどんどんふくらんでいく。

誰かを恨んだり憎んだりすればするほど、外見も心も醜くなってしまう

　親のやっていることは不公平かもしれないし、当たり前のようにひいきされている兄貴の態度もムカつくかもしれない。でも、**あなたにとっていちばん大切なのは、心の平和を取り戻すことだ。**親が兄貴に使っちゃったお金を取り戻すことじゃない。

そもそも、親の金をアテにしたり期待したりするから、不満や憎しみがふくらむんだよ。そういう意味でも、親や兄貴から自立する必要がある。

それはそうと、相談には旦那の実家の話はまったく出てこないな。シングルなのかもしれないけど、旦那がいるんだとしたら、ますます自分の実家のことで心乱されてる場合じゃないよ。**自分を苦しめているのは「執着心」だと気づいたほうがいい。**

お母さんと兄貴に向かって宣言してやれ。「この家のこともお母さんのことも、兄さんに任せる。私はお母さんを頼りにしないし、頼りにされるのもお断り。娘や妹であることに変わりはないけど、生活のことは二人でやってください」ってね。

ここまで読んで**「ひどい目に遭っているのは私なのに、どうして私が諭されないといけないの」と不満に思っているかもしれない。**だけど、誰かを恨んだり憎んだりすればするほど、ますます自分が苦しくなるし、怖いことに外見も心も醜くなってしまう。それこそがいちばんの「ひどい目」だ。

腹をくくって袋小路から抜け出してくれ。穏やかな気持ちで毎日を楽しく過ごすのが、これまでの理不尽な仕打ちに対するいちばんの仕返しだよ。

【お悩み７】

病気で倒れた62歳の父親の介護が必要になり結婚が難しくなった

それまでは元気だった62歳の父親が、てんかんの発作で倒れて入院しました。医者によると、認知症の疑いもあって回復しても介護が必要だとのこと。仕事への復帰は絶望的ですが、まだ実家のローンが５００万円ほど残っています。私の母とは10年前に離婚しました。その後、母は再婚して別の家庭を築いています。

私は１年ほど前に、結婚するつもりの彼女と一緒に暮らすために実家を出ました。近々結婚するつもりだったのですが、父の世話やローンのことを考えると、それも難しくなってきました。

結婚して子どもができたら父の世話はできないし、私の給料では介護施設に入れることもできません。結婚はあきらめなければならないのでしょうか。正直、自分の人生の邪魔をする父に、憎しみを抱いてしまっています。

（32歳、男性）

■独りで背負いきれる状況じゃない。受けられる支援は全部受けよう

たいへんなことになったな。32歳の青年にこれだけまとめて難問が押し寄せてきたら、そりゃどうしていいかわからなくなるよ。だけど、落ち着いて考えないと、どんどん悪循環になってしまう。

「もう結婚はできない……」なんて思い込んで、**あわてて彼女と別れたりなんてことは絶対にするんじゃないぞ。**彼女が可哀想だし、お父さんだって喜ばないよ。

どう考えてもあなた独りで背負いきれる状況じゃない。市役所なり福祉事務所なり公のところに相談して、救いの手を差し伸べてもらおう。市役所にせよ区役所にせよ、最近は市民が困りごとを相談する窓口がある。まずはそこからかな。

ＳＯＳを出すのは、恥ずかしいことでも何でもない。**ピンチのときに助けてもらうのは国民の権利だし、そのために税金を払ってるんだから。**そもそも社会というのは「お互い様」で成り立ってるんだよ。

親が介護が必要な状況になると、子どもは「自分が何とかしないと」と思っちゃう。もちろん、親の世話をしたいと思う気持ちは尊いけど、親の介護のために自分の生活や人生を犠牲にするのが本当にいいことなのか、よく考えたほうがいい。見送ったあとで「自分は親の介護で人生を棒に振った」なんて子どもが思ったとしたら、親は死んでも死にきれないよ。

「親のためにすべてをなげうつ」は、けっして美談ではないと俺は思う

この頃「介護離職」が問題になってる。「自分が介護しなきゃ」と仕事を辞めたら、当然収入はなくなってしまう。介護が長引いて貯金も底をついて、経済的にも精神的にも追い詰められるケースは多い。悲しい事件もたまに聞くよね。「親のためにすべてをなげうつ」というのは、けっして美談ではないと俺は思う。

助けたり世話したりすることで人に〝幸せ〟を与えるには、まずは自分が幸せであることが大前提だ。自分が不幸せだったり、心身の健康を崩していたりしたら、人を

救うどころじゃない。人にやさしく、自分にもやさしくだ。

ましてあなたは「憎い」とまで言っている。憎みながら世話してたら、されるほうだって辛いだけだ。疲れてきたら憎しみはどんどんふくらんでいくだろうし、関係もどんどんギクシャクしていく。**はっきり言って、あなたもお父さんも追い詰められていく悲惨な未来しか待ってない。**

病院だって辛気臭い医者に診てもらったら、病気が悪化しそうな気がする。俺がこの頃行ってる整形外科の先生は面白い人で、注射を打つときに冗談ばっかり言ってるんだよね。「はい、やぶ医者が打ちますよ」なんて。そんな風に明るく打ってもらうと、注射もよく効く気がする。人に明るく、自分にも明るくだ。

お父さんもあなたも、そしてあなたの彼女も、**みんなが幸せになるために、いろんなところに助けを求めよう。**お父さんにやさしくできる心の余裕をなくさないためにも、受けられる支援は全部受けて荷物を減らしてほしい。それがいちばんの親孝行だし、子どもとしての責任を果たすってことだよ。

介護はけっして後悔の悔の「悔護」にしちゃいけない。理想は愉快の快の「快護」

だけど、実際にはなかなか難しい。ただ、人生１００年時代になって介護される人もする人も増えていくんだから、**社会全体で知恵をしぼって、お互いに笑顔でいられる「快護」のやり方を考えないとね。**

まずは、ウソでもいいから「ワッハッハ」って声を出して笑ってみるのがいいんじゃないかな。笑う門には福来たる。そして「快護」もきっと寄って来てくれるよ。

第4章　高齢の親との上手な付き合い方

――両親の介護にきょうだいが協力してくれず、独りで面倒を見ないといけない（52歳、女性）

【お悩み1】

両親の介護にきょうだいが協力してくれず独りで面倒を見ないといけない

同居している両親はともに80代。

父親は病気の後遺症でほぼ寝たきりで、母は認知症がかなり進行しています。私が仕事をしながら面倒を見ていて、毎日いっぱいいっぱいです。

4人きょうだいで、クルマで1時間以内のところに、姉と弟と妹がそれぞれ家族と住んでいます。しかし「週に2時間だけでもいいから、代わってほしい」と頼んでも、誰もまったく協力してくれません。

もう何もかも投げ出して逃げたい。いっそ倒れてしまえたら、どんなに楽か。でも、そうしたら両親は生きていけません。

どうしたらいいのか教えてください。

（52歳、女性）

■他人ごとながら腹立たしい。まずは最後のチャンスを与えてみよう

お父さんが寝たきりで、お母さんも認知症が進行している。その二人の面倒を見るのは、並大抵のことじゃない。しかも、仕事をしながらだなんて、頭が下がるよ。頑張り屋さんなんだろうし、やさしい性格でこれまでもいろんなことを自分で引き受けてきたんだろう。

ただ、それをいいことに、**きょうだいたちは完全にあなたに甘えてるようだ。**知らん顔していればやってくれるとタカをくくってる。気の毒というか、他人ごとながら腹立たしいよ。だって姉にせよ弟にせよ妹にせよ、自分の親のことだろ。仮に何らかの事情があったとしても、まったく手伝えないなんてことはないはずだ。

昔から「きょうだいは他人の始まり」って言葉がある。きょうだい仲よく助け合って親の介護ができたら、それは素晴らしいことだ。だけど、なかなかそうはいかない。しっかりしている側に対して甘えが出たり、身内だからこそわがままになったりもす

る。押しつけられたほうも、当然だけど「きょうだいなのにどうして助けてくれないの」と思ってしまう。

自分がどれだけ困っているか、いかにギリギリの状態か、それを三人に思い知らせようじゃないか。言葉やメールだと「また言ってる」と思うだけだ。こんな手紙を出してみたらどうかな。「父親と母親の介護を独りでやってきて、私はもう限界です。このままだと自ら命を絶ってしまうかもしれません。窮状をお察しの上、ご協力いただきたい。お返事をお待ちしております」って。

それで、もう一度しっかり話し合う機会を持つ。チャンスを与えるわけだ。「子は鎹《かすがい》」という言葉があるけど、「親は鎹」となって、きょうだいが結束してひとつになるかもしれない。

埒が明かないなら内容証明郵便を送って「これは本気だな」と思わせる

それでも埒が明かないなら、内容証明郵便で窮状を訴える手紙を三人に送りつけよう。これまでの恨みつらみも伝えたいところだけど、それよりも今どれだけたいへんか、どうして欲しいかを具体的に伝えたほうがいいだろうな。

受け取ったほうは「これは本気だな」とギクッとするし、そうなるとどうにかしないわけにはいかない。内容証明郵便を送ったのに相手が何もしなかったら、それは要望を無視したという物的証拠にもなる。

「きょうだいに対して、そこまでしなくても」と思うかもしれないけど、逆なんだよ。きょうだいだからそこまでしないと伝わらないんだ。**向こうが「こんなの送るなんてひどいじゃない」と言ってきたら、「ひどいのはどっちだ」と言ってやれ。**

それと、世の中のこうした実例を見ていると、介護から逃げ回っていたきょうだいに限って、遺産相続になると「絶対に均等に分けろ」と言い出す。もしもある程度の遺産があるなら、「介護に協力する気がない場合は、遺産分割にも影響するとご承知おきください」と伝えてみるのもいいな。いろいろ言ってきたとしても、気にすることはない。

もはや「きょうだい仲よく」は難しいかもしれないけど、「助け合って」は、どうにか間に合う。**大切なのは、あなたが介護疲れで押しつぶされて、人生を台無しにしないことだ。**自分を守ることが、大切なお父さんとお母さんを守ることにもなる。毎日ヘトヘトだろうけど、力を振り絞って状況を変えるきっかけを作ってほしい。

手紙は手紙で送るとして、**役所なり何なりの窓口にも相談してみよう。**きょうだいに「どうにかしろ」と詰め寄るにせよ、公的な支援に頼るにせよ、後ろめたく思う必要はまったくない。こうやって俺に相談を送るという一歩を踏み出したわけだ。それは勇気ある一歩だよ。さらに次の一歩を踏み出して、また踏み出して、どんどん前に進もうじゃないか。

【お悩み２】

5年前に離婚。今、再婚したい相手がいるが、80代の両親に切り出せない

５年前に前の妻と離婚しました。

そのときは両親もかなりショックだったようです。今、職場で知り合った女性とお付き合いしています。相手もバツイチですでに働いている息子がいます。

再婚も考えていて、そんな気持ちを伝えたら、彼女も「私でよかったら」と言ってくれました。

ただ、高齢の両親（80代）にどう話すかを悩んでいます。いっそのこと両親が他界してからとも思っていますが、そうすると彼女を待たせないために、両親が長生きしないことを願うことになりそうです。

どうすればいいでしょうか。

（50歳、男性）

■迷うことはない。自分にとって何が大事なのかをよく考えよう

迷うことはないよ。「じつは結婚したい人がいます」と切り出せばいい。親のことを思いやる気持ちは立派だけど、はたしてそれは本当の思いやりなのかどうか。遠慮なく言わせてもらうと、俺にはちょっと違うように見えるな。

あなたの気持ちの中で、5年前に離婚したことが親に対する大きな負い目になっているのかもしれない。**親が心配とか何とかより、単に「言いづらい」から理由を付けてるんじゃないか。**

そうやってグズグズしてるうちに、再婚してもいいと言ってくれている彼女に逃げられても知らないぞ。だいいち、先が見えないまま待たせるのは彼女に失礼だよ。

もちろん、両親が亡くなったら結婚しようなんてのは論外だ。仮に彼女とそういう約束をしたら、親御さんが病気になったときに「**どうか治ってくれるな**」って祈ることになってしまう。自分を生んで育ててくれた親に対してそんな気持ちを持って、そ

れでそのあと結婚したとしても幸せになれるわけがない。

5年前に両親がショックを受けたと書いてあるけど、それは世間体を気にする一面もあったんじゃないかな。周囲に「じつは息子が離婚して」と言うのが嫌で落ち込んでたのかもしれない。

今の時代は離婚なんてぜんぜん珍しくないし、若い人は「ダメだったら別れればいい」ぐらいの感覚みたいだ。だけど、あなたの両親にとって息子の離婚は「まさか」の出来事だったんじゃないかな。

お父さんもお母さんも、5年も経てばショックはだいぶ癒えてるよ。自分の息子の幸せを願わない親はいないから、せがれが「結婚したい人がいる」と言えば、きっと喜んでくれると思う。両親にしてみたら、**一度結婚に失敗した息子が、そのまま独りで人生を送っている様子を見続けるほうが心配だよ。**今の彼女のことを隠し続けるほうが、よっぽど親不孝だ。

彼女のことを大事に思うなら、そして親も大事に思うなら、一日も早く両親に紹介したほうがいい。こうやって悩み続けていたら、親を心配させて、彼女も不安にさせて、自分も気が重いままで、全部がマイナスになっていくばかりだ。**自分と彼女が幸せになれば、親だって幸せになる。**今なら、息子が幸せに暮らしている様子を見てもらえるわけだしな。

俺も昔、意地を張っていちばん大事なものを手ばなしちまうところだった

とはいえ、世の中にはいろんな親がいるから、「いかにも頭ごなしに反対しそうなタイプ」なのかもしれない。5年前の離婚は、じつは親とお嫁さんとの関係がギクシャクしたことが原因だった可能性もある。

だとしても、彼女を待たせる理由にはならない。親とどうしてもわかり合えそうにないなら、距離を置けばいい。**離れていたって親孝行はできるけど、自分と結婚してくれた相手を守れるのは自分だけなんだ。**

俺も昔、そういうことがあったよ。カミさんがウチの親といろいろあって、家を飛び出しちゃった。今思うと、俺がカミさんにも親にも甘えてたんだな。最初のうちは

「迎えになんか行くもんか」って意地を張ってたけど、談志たちに「だからお前はバカだってんだ」と諭された。もうちょっとで、いちばん大事なものを手ばなしちまうところだったよ。

彼女とも、お互いの素直な気持ちを出し合ってみたらどうだ。自分はどういうつもりなのか、なぜ親に切り出しづらいのか。彼女はどうしたいのか、こっちの考えを知ってどう感じたのか。そのあたりは聞いてみないとわからない。親や彼女の気持ちを想像して独り相撲を取っていても、自分を追い詰めるばかりだ。

考えれば考えるほどこんがらがってくるかもしれないけど、つまりは**自分にとっていちばん大事なのは何か、いちばんの親孝行は何か**ってことだ。それはきっと、彼女と結婚して幸せをつかむことなんじゃないか。

相談の文面から、あなたがやさしい人だってことは伝わってくる。そんなあなたの両親なんだから、あたたかく祝福してくれるよ。

【お悩み3】

マムシさんが考える「素敵なオバサン」の条件を知りたい

マムシさんと大沢悠里さんがスポティファイで配信してらっしゃる「GG放談」、いつも楽しく拝聴しています。

同じスポティファイでは、ジェーン・スーさんと堀井美香さんの「OVER THE SUN」も大好きです。以前「GG放談」に、二人がゲストでいらしてたこともありましたね。その回は、何度も何度も聴きました。

スーさんと堀井さんは少し先輩ですが、私も「オバサン」と呼ばれる年齢になりました。それはいいんですけど、いくつになっても魅力的でいたいと思っています。

マムシさんが考える「素敵なオバサン」「魅力のあるオバサン」とは、どういう人でしょうか。私はどんなオバサンを目指せばいいのか、今後の人生の指標をお授けください。

（44歳、女性）

■俺が考える「素敵なオバサン」を具体的に挙げていってみよう

　彼女たちがやってる「ジェーン・スーと堀井美香の『OVER THE SUN』」は、とくに同年代の女性に人気がある。「オーバー・ザ・サン」って、表向きは「太陽の向こう側」なんて言ってるけど、どうやら「オバサン」と引っ掛けてるらしい。

　なかなかシャレてるよね。素晴らしいなと思うのが、彼女たちが「オバサン」と呼ばれる年代になった自分に、誇りを持っているというのが伝わってくるところだ。

　相談をくれた44歳の女性にとって、彼女たちは「オバサンの先輩」ってことだな。**何歳ぐらいからが「オバサン」なのかね。**俺はよくわかんないからスタッフに聞いてみたら、「40代以上ぐらい、いや50代かな。ただ、50代の女性や60代の女性に、面と向かって『オバサン』なんて絶対に言えないですけど」って言ってた。

　たしかに、**日頃からさんざん「ババア」って言ってる俺が言うのもヘンだけど、「オバサン」のほうが言いづらいな。**

ただ、人間は誰でも歳を取るし、年代にふさわしい呼び方がある。そして、年代ごとにそれぞれ魅力がある。若くあろうとするのはいいけど、無理に若さにしがみつくのは痛々しいよ。

俺が考える「素敵なオバサン」や「魅力のあるオバサン」は、どういう女性か。あくまで俺が個人的にそう思うってだけの話だけど、具体的に挙げていってみよう。まずは「ジーパンが似合う人」だね。さっきの話じゃないけど、若者ぶるんじゃなくて若々しさが感じられる。「エプロンが似合う人」もいいな。割烹着《かつぽうぎ》でもいい。そういうのが似合うってことは、地に足をつけて人としてきちんと生きてきたってことだ。女性だからって話じゃなくてね。それと、清潔感はやっぱり大事だな。

見栄を張らず、素直さを失っていない。そういう人は魅力的に見える

美人だとか何だとか、そこは重要じゃない。素敵で魅力的なオバサンに共通しているのは、笑顔が豊かってことだね。いつも明るくて、変わらない笑顔で挨拶してくれ

る。それと、機嫌がいいときと悪いときの差がない人。生きてりゃいろんなことがあるけど、**自分の機嫌を上手に取れるのは若者には真似できない〝年の功〟だ。**

食事をおいしそうに食べる人もいいね。おいしいと思ったら「このお寿司、おいしい！」なんて素直に言ってほしい。オバサンはいろんなものを口にしたことがあるだろうけど、そこで「まあまあね」って顔しなくてもいいんだよ。女性も男性も、年齢を重ねると見栄を張ったり気取ったりしがちだ。だからこそ、素直さを失っていない人が魅力的に見える。

ほかにもある。隠し事をしない。嘘をつかない。嫌なことを引きずってクヨクヨしない。ケチじゃないっていうか、金に汚くない。こういうことに気を付けたほうがいいのは、オバサンに限った話じゃないな。オジサンもジジイもババアも同じだ。

実際にはできない人が多いから、こういうことに気を付ければ「素敵だな」「魅力的だな」と思ってもらえるだろう。ただ、**本当に大事なのは、まわりの評価じゃない。**堂々と胸を張って毎日を過ごせば、何より自分が気持ちいいからね。

最初に言ったように、あくまで俺の考えだから、全部そのとおりにしようと思わなくていい。自分に役立ちそうなことだけ参考にしてくれれば十分だ。

こういう相談を送って、どんなオバサンになればいいか真剣に考えているあなたは、きっと素敵で魅力的なオバサンになれるよ。俺が保証する。これからのオバサンライフを大いに満喫してくれ！

【お悩み4】

介護施設で入所者に愛を込めて「ジジイ」「ババア」と言ってもいいか

若い頃からマムシさんの大ファンです。「この佃煮ババア」「鰹節みたいなジジイだな」といったマムシ節に憧れています。

高齢者に対する愛と尊敬の念を感じるし、言われた側もそれを感じて大喜びしているのが本当にすごいと思います。

今、自分は介護施設で働いていて、まわりはジジイとババアばかりです。マムシさんのように、入所者さんに愛を込めて「ジジイ、ババア」と言いたいのですが、さすがに言えません。言えないとなると、ますます言いたくなります。

この突き上げてくる欲求をどう抑えればいいでしょうか。いつか我慢できずに言ってしまいそうな自分が怖いです。

（47歳、男性）

■山に登って「佃煮ババアー」「鰹節ジジイー」って叫ぶといいよ

佃煮はよく言ってるけど、鰹節は言ったかな。以前、俺が中継の中でジジイやババアになんて言ったか、一覧表にしてくれた人がいた。自分でも忘れてて「こんなこと言ったの？」ってのがずいぶんあった。だからきっと言ってるんだろうね。

俺も介護施設で「ジジイ、ババア」って言ったことがある。**職員はビックリした顔してたけど、そこにいるジジイやババアたちが大笑いした。**あとで職員さんが「普段は見たことがない笑顔でした。ああいうふうに笑えるんだということを発見しました」って感激してたな。「だけど、私たちにはできません」とも言ってた。

俺が言ったから笑ってくれたわけだ。そういう意味じゃ、毒蝮三太夫っていうのは特異な存在なんだね。俺が育った下町では「おい、ババア、まだ生きてるか」っていうのが挨拶の言葉だった。おふくろとおやじも、いつもそんな会話をしてた。

下地があるから、言われたほうもスッと受け止めてくれる。ひとつ間違えたらケンカを売る言葉だからね。まあでも、許されているいちばんの理由は、この**類まれなる知性と美貌のおかげ**かな。ハハハ。

ラジオの中継で言い始めた頃は、「ババア」って言われて怒って帰っちゃった人もいた。あとで知ったんだけど、リスナーからもずいぶん苦情が来たらしい。だけど、スタッフが偉かったね。「マムシさんはあれでいいんです」って言って守ってくれて、俺には「その調子でもっとやってください」としか言わなかった。

介護職ほど高貴な仕事はない。なのに給料が安いのは世の中間違っている

憧れてくれるのは嬉しいけど、同じように言ったらクビだろうね。それはわかってるけど、言いたい気持ちを抑えるのに苦労してるわけか。**感情を抑え過ぎると人間はロクなことにならない。**いっそのこと、口に出してみたらどうだ。

ただし、施設にいるジジイやババアに向かってじゃないぞ。自分の部屋でぬいぐるみや人形に向かって、気が済むまで「ジジイ、ババア」って言ってやれ。腹が立つこ

とを堪忍袋に詰め込むのと同じだ。

それでもまだ言いたかったら、山の頂上に登って「ヤッホー」の代わりに「佃煮ババアー」「鰹節ジジイー」って叫ぶといいよ。海に向かって叫ぶのもオツだね。

人から見たら笑い話かもしれないけど、あなたにとっては切実な悩みだし、言えないことが大きなストレスになってる。**我慢の限界を越えてしまわないうちに、上手に発散してくれ。**こうやって相談を送るのも、ちょっとは発散になったかな。

介護職っていうのは、とてもストレスがたまる仕事だ。常に死と向き合いながら、人生の最後を少しでも快適に過ごしてもらえるように、使命感を持って頑張ってくれてる。こんな高貴な仕事はないよ。認知症の入所者に暴言を吐かれることもあるだろうし、下の世話もしなきゃいけない。まさに「聖職」だよね。

だけど、待遇面では報われていない。世の中間違っている。俺は前からあちこちで言ってるけど、**とにかく介護職の給料を上げることが大事だ。**毎日たいへんだろうけど、目の前の高齢者も日本の社会も、あなたたちに支えられている。心からのエールと感謝を送らせてほしい。からだに気を付けて、これからも頑張ってくれ！

【お悩み5】

働いている介護施設での入所者の暴言や暴力で心が折れそうです

人の役に立つ仕事がしたいと思って、半年前から介護施設で働いています。しかし、日々過酷な現実に打ちのめされています。楽ではないことは覚悟していましたが、「このノロマ！」といった暴言を浴びるのはしょっちゅうだし、暴力を受けたことだって何度もあります（幸い、ケガにはつながっていません）。

もちろん、やさしい入所者さんが大多数だし、やりがいもあります。でも正直、暴言や暴力を向けてくる方の介助をするのは憂鬱です。

はりきって始めた仕事ではあるものの、もう心が折れそうです。どうすればいいでしょうか。

（55歳、女性）

■ともかく今はストレスを発散する方法を見つけて気分転換してほしい

50代で新しく介護の仕事を始めたわけか。たいへんだってことはわかった上で、それでもやってみようと思ったわけだ。エライよ、ものすごくエライ！

実際に暴言や暴力を受けたら、そりゃ人間だから平気ではいられない。ただ、年寄りがそんなことをしてしまうのは、いわば一種の病気なんだ。悪意があるわけじゃないし、こっちが憎いわけでもない。暴力からは全力で逃げたほうがいいけど、**暴言でダメージを受けないためには、心に頑丈なバリアを張ることも必要かもしれないな。**

介護職の人は、どんなに嫌なジジイやババアに対しても、笑顔でやさしく接しないといけない。それはわかっていても、時には忙しさに追われて、言葉遣いや態度が雑になることもあるだろう。そうすると相手も荒っぽい気持ちになる。悪循環だよな。**身内の介護をしている場合も、同じことがありそうだ。**

あなたに必要なのは、息抜きと気分転換だね。仕事が終わったあとで「今日もいい仕事をしたな」とホッとする時間を持ったり、買い物でも料理でも映画でも何でもいいけど、自分が楽しめることでストレスを発散する。

「もっとちゃんとやらなきゃ」と**生真面目に自分を追い詰めていたら、ますます辛くなるばかりだ。**上手に気持ちを切り替えて、いいコンディションを保っていないと、また明日も頑張ろうと思えないからね。

あらためて「自分は神に近い尊い仕事をしている」ことを思い出そう

個人の頑張りでは解決できない部分もたくさんある。日本の介護を取り巻く状況は、問題だらけだ。何度も言うけど、まずは何より介護職の給料が安過ぎる。神に近い仕事なんだから、少なくとも今の倍は払ってもいいよ。

介護施設の経営にしたって、たくさん予算を使えない構造になってるから、一人で多くの入所者の面倒を見なきゃいけない。そこも悪循環だ。ヨーロッパあたりは、一人の入所者を二人、三人で見る施設も珍しくない。**まだまだ日本の介護は、発展途上**

だよ。給料が安くて仕事がハードだから、志望する若者もどんどん減っていく。

ただ、悲観してても始まらない。どんな状況だって希望はあるよ。俺は20年ぐらい前から聖徳大学で、介護の仕事に就きたい女子学生に講義をしている。実習で特別養護老人ホームに行った学生が、入所者のおばあさんの食事の介助をしているときに、こういうことがあったらしい。あとから別の先生に聞いたんだけどね。

その子が、スプーンに味噌汁を入れておばあさんの口に持っていったら、「熱い**よ！**」って言ってスプーンをはねのけられた。そしたらその子の顔に味噌汁がかかって、具のワカメかなんかも顔にくっついちゃった。熱いし、汚いよね。

だけどその子は怒らないで、**「熱くてごめんなさい。少し冷ましますね」って言ってニッコリ笑ったっていうんだよ。**そういうエライ子がいて、介護職に就くための勉強をしてくれている。たのもしいじゃないか。

今も全国で、たくさんの介護職の人たちが身を粉にして働いてくれている。あなたも、もう一回あらためて「自分は神に近い尊い仕事をしているんだ」ってことを思い出してほしい。まずは明日の元気のために、自分をいたわってやってくれ。

【お悩み6】

開業の計画に口出ししてくる義母。何も言ってくれない夫にも腹が立つ

結婚して10年、パン屋さんで働いて修業を重ねてきた夫と、二人で自分たちの店を持つことを夢見て、倹約を心がけて暮らしてきました。ようやく開業の目途が立った時に、夫の父が他界して、義母と同居することになりました。

まだ70代前半の義母は体力があり、開業する店も手伝いたいと言っています。それ自体はありがたいことだとわかっているのですが、私がイメージしていた店作り、内装などに対して、義母は贅沢だと言っていちいち否定します。

私が腹が立つのは、そんな義母に何も意見できない夫です。これまで二人で店を持つ夢を抱いて自分なりに考えてきたのに、少しも私の側に立ってくれない夫にもがっかりです。夫の態度に離婚も考えるこの頃です。私はわがままでしょうか？

（52歳、女性）

■「お義母さんと私、どっちを選ぶの」と腹を割って話したほうがいい

これはね、旦那がよくない。わがままなんかじゃないよ。あなたの中では、旦那に対する信頼が地に落ちてる。このままお店を開いても、お姑さんにも旦那にも腹が立つばっかりで、不幸な毎日を送ることになるだろうね。

たぶん今のところは本気で離婚しようとは思ってないだろうけど、離婚してもいいと覚悟を決めたほうがいいかもしれない。きっと旦那は、自分の女房がそこまで苦しい思いをしてるってことがわかってないんだろう。いや、察してはいても現実から目をそらしているのかな。旦那にとっては面倒な状況だからね。

まずは旦那と膝を突き合わせて、気持ちを伝えることだな。「私と親と、どっちが大事なの。どっちを選ぶの」って聞いたっていいよ。それで「親が大事」と答えたり、グズグズした態度を続けたりするようなら、「じゃあ、別れます」って言ってやれ。「離婚したっていい」と腹をくくれば、遠慮なく本音をぶつけられるはずだ。

あなたは今、人生の重大な岐路に立っている。お姑さんと別居するのか、一緒には暮らすけど店のことに口は出さないでくれと言うのか、それはこれからの話だ。**まずは旦那が目を覚まして心を入れ替えないと、事態はよくはならない。**「一生に一度の大事な相談があるの」って言えば、旦那も真剣に聞くだろう。

俺も昔、カッコつけて「おふくろを取る」と言ったらカミさんが出て行った

ほかの相談への回答で、俺も若い頃、カミさんに出て行かれたことがあるって話をしたよな。あのときは自分がバカだった。カミさんに「お義母さんを取るか私を取るか、どっちなの？」と聞かれて、おふくろの体の具合もよくなかったし長男だしっていうんで、カッコつけて「俺はおふくろを取る」って言っちゃった。そりゃ、出て行かれても仕方ない。

本気で別れる気はなかったけど、戻ってきてくれって言うきっかけがなかった。ある時、**カミさんが「親孝行っていうのは、親と一緒に住んでなくてもできるんじゃな**

いの」って。その一言で、アパートを探して引っ越した。あとから考えると、カミさんの手のひらで転がされたわけだ。それでよかったんだけどね。

いつの間にか俺の話になっちゃったけど、つまり夫婦っていうのはなるようになるってことだ。あなた自身も、意固地になってる部分もあるかもしれない。お姑さんは人生の先輩なんだから、学ぶところもあるだろう。最愛の旦那を産んでくれたことへの感謝も忘れちゃいけない。いい関係を続けられる方法がきっと見つかるよ。

そういうことも含めて、必要なのは旦那との腹を割った話し合いだ。**とことん旦那に幻滅したら、その時は離婚すればいい。**相談を読んだ感じでは、そうはならないと思うけどね。

怒りや不満をため込んでいるとロクなことがない。勇気を出して旦那に自分の気持ちをすべて話すことで、結果的に夫婦の絆が強まるんじゃないかな。

【お悩み７】

離れて住む息子夫婦が子育てについて何も相談してくれなくて心配

遠くに住んでいる長男夫婦が、子育てで悩んでいるようです。「ようです」というのも変なのですが、何も相談してくれません。長女によると、長男の嫁が上の娘はかわいがっているのに、生まれたばかりの下の息子を施設に預けているようです。

上の子が生まれたときは、息子が育休を取って二人で子育てをしていました。孫の顔が見たくて一度会いに行きましたが、お嫁さんとはゆっくり話せませんでした。お嫁さんのご両親とも、まだ一度も会わせてもらっていません。

その後、さらに遠くに転勤になった先で、第二子が生まれました。知っている人も頼る人もいない環境で、心配していますが、息子は私に何も相談してくれません。

長女によると、男の子が生まれたことにお嫁さんがショックを受けて、育てたくないと言って施設に入れたとか。心配ばかりがふくらんでいきます。

（60歳、女性）

■想像や憶測で心配しても仕方ない。まずは自分を省みることも必要だ

心配なのはわかるけど、すべてが聞いた話とあなたの想像なんだよね。息子夫婦がお嫁さんの両親と会わせてくれないのも、子育てを親に手伝ってもらわないのも、何か理由や事情があるのかもしれない。

まして子どもを施設に入れたとか何とかって話は、まったくアテにならないよ。仮に施設に入れたのが事実だったとしても、育てたくないからって理由で入れてくれる施設なんてない。話がどっかで変わってるだろうね。長男の様子を伝えてくれた長女も、勘違いや思い込みを混ぜて話していたかもしれない。

「疑心暗鬼」って言葉がある。一度疑い始めると、何でもないことまで疑問や不安を感じたり、恐ろしいほうに想像が広がったりするって意味だ。あなたは、まさにその状態にあるように見える。

たぶんあなたの中では、息子のお嫁さんは相当の〝極悪人〟で〝性悪女〟になって

いるんじゃないかな。だけど息子が選んで結婚して、今も助け合って一緒に暮らしている相手なんだから、そんなわけはない。

ともかく、まずは息子ときちんと話をすることが大事だ。電話に出てくれないなら、手紙やＬＩＮＥを送ってみるのもいい。言っとくけど、息子に対していきなりお嫁さんを責めるような言い方をしたらダメだよ。

時々「あなたはあの女に騙されてるのよ」なんてことを言う母親もいるけど、**そんなのはたいてい母親の妄想だ。**そんなことをしたら、相手はますます心を閉ざして、さらに距離が離れてしまう。

相手をどう変えようかという話ではない。自分が変わることが大事なんだ

はっきり言って申し訳ないけど、息子さん夫婦はあなたを避けてる。相談してくれないことを嘆いているけど、向こうには相談したくない理由があるんじゃないかな。息子夫婦が冷たいわけじゃなくて、**自分の側に原因がないか、じっくり胸に手を当て**

て考えてみたほうがいい。

たとえばだけど、最初にお嫁さんに会った時に「長男の嫁」としての役割を期待するようなことを言ったとか、無意識のうちにお嫁さんの両親を侮辱したとかね。言ったほうは悪気がなくても、相手は深く傷付いているなんてことはよくある。

あるいは、息子さんが子どもの頃から、向こうにだけ見えている分厚い壁があったのかもしれない。だとすると、話をしようとしても簡単にはいかないだろうな。でも、人生まだ先は長いんだ。このままだといつまでたっても関係は変わらない。お互い様の部分があったとしても、まずは親の側が大人になって姿勢を低くして歩み寄ろうじゃないか。

あなたは今は「相手にどうやって心を入れ替えさせるか」ってことで頭がいっぱいかもしれない。違うんだ。そう思っているうちは状況は変わらない。まずは自分が心を入れ替えて、それを見せることが大事なんだ。

手紙やＬＩＮＥでコミュニケーションを取って、たまには季節のうまいもんを送ったりして、**チャンスがあったら「お母さんに悪いところがあるなら、謝るから言って**

ほしい」と伝えてみる。向こうの気持ちがほぐれてくれれば、また孫に会える日もきっと来るよ。

簡単にはいかないかもしれないけど、目に見えない大きな力が「お前にはそういう修業が必要なんだ」と言ってくれてるのかもしれない。誠実にやっていけば、きっと悪いようにはならないはずだ。及ばずながら、応援させてもらうよ。

【お悩み8】

内孫ばかりかわいがる義父母も、寄生している義兄一家も大嫌い

10年前に結婚して、二人の子どもを授かりました。

旦那は三人兄弟のいちばん下で、上に兄がいます。ご相談したいのは、意地の悪い義父母と、無職でブラブラして生活の面倒を見てもらっている義兄のことです。

義兄は2年ほど前に仕事を辞めましたが、新しい仕事を探す気配はありません。妻子どもも、義父母に寄生しています。

義父母が始めた家業は旦那が継いでいて、オーナーの義父母にもそれなりの給料を払っているようです。それはいいんですが、義父母は内孫ばかりかわいがって、ウチの子にはまったく興味がありません。それでいて、毎日のようにこまごました用事を頼んで来たり呼び出されたりします。はっきりいって、義父母も義兄も大嫌いです。

この先、どうすればいいでしょうか。

（41歳、女性）

■奥さんは家族の宝だ。まずは旦那がしっかりしないと始まらない

これはね、旦那がしっかりしなきゃダメだ。それに尽きる。この奥さんは外から入って来たわけだから、旦那の両親や兄弟にズバズバ文句が言えるわけじゃない。旦那もきっと、奥さんがここまで悩んでいることに気が付いてないんだろうな。奥さんは黙って自分の後ろをついてくるのが当然だと思ってるのかもしれない。

まずは旦那に、正直な気持ちを話そう。「このままだと私はこの家ではやっていけません」って、日頃の不満や怒りを洗いざらいぶちまけてやれ。「あなたが何もしてくれないなら、私は出ていきます。離婚することになっても仕方ないと思ってます」ぐらいのことを言ってもいい。そうしないと、旦那は目が覚めないからな。

世の中の男性すべてに言いたいけど、奥さんは旦那の付属品だと思っているとしたら大間違いだ。奥さんは家族にとって大切な宝なんだよ。ここんちは旦那が家業を継いでるんだよな。だったらなおさらだ。一緒に仕事してるにせよ家を守ってるにせよ、

二人で力を合わせないとやっていけないからね。

　俺の浅草の同級生で魚屋をやってるのがいたんだけど、ある時、そいつが浮気をした。それがバレて、カミさんが怒って実家に帰っちゃったんだよ。そしたら、魚屋の客がたちまち減っちゃった。**近所の客が「カミさんが出ていくなんて、そりゃお前が悪い。そんな店で買えるか」**って言って、ほかの魚屋に行っちゃったの。

　カミさんが慕われてたっていうのもあるし、近所の人たちが「カミさんを泣かせるような浮気をするんじゃないよ、コノヤロー」ってお灸をすえたわけだ。昔の下町には、そういうところがあったんだよ。友達はすっかり反省して、カミさんに「戻って来てくれ」と頭を下げた。それからは前より仲よくなったみたいだな。

旦那が奥さんを大事にしないから、義理の両親も兄弟も大事に扱わなくなる

　両親がこまごました用事を頼んでくるって書いてあるけど、たぶん義兄もこの人のことを軽く扱ってるんじゃないかな。結局、旦那が奥さんを大事にしていないから、ほかの人たちも大事にしようとしない。夫婦仲がギクシャクしてると、それが伝わって義理の両親や義理の兄貴も「やさしく接する必要なんてない」と思ってしまう。

もとをただせば、夫婦の関係に行きつくんだよ。**旦那が奥さんを大事にすれば、夫の両親の態度も義兄の態度も変わってくる。**こっちがムカムカしてても、それが伝わって相手の扱いはなおさらぞんざいになる。嫁が気に入らないから、その子どもの孫もかわいく思えないってのもあるかもしれない。

このままだと悪循環だ。夫婦の関係を変えるために、旦那を本気で脅して心を入れ替えさせよう。人を嫌い続けるっていうのも、なかなかエネルギーがいる。こちらの気持ちと相手の態度が変われば、悪循環から好循環にひっくり返るよ。

言ってもわからない旦那なら、家を飛び出せばいいし、それでもわからないなら別れちまえ。ボタンの掛け違いは早い段階なら修正できるけど、もうどうしようもない状態ならしょうがない。**怒りや憎しみを日々抱えながら生きていくことはないよ。**

旦那に少しは見込みがあるのかまったくないのか、早めに行動を起こして確かめたほうがいいね。

第5章　やがて訪れる「死」とどう向き合うか

――夫が突然死したショックから立ち直れず、
何もかもうまくいかない（50歳、女性）

【お悩み1】

夫が突然死したショックから立ち直れず、何もかもうまくいかない

5年前、夫が突然死しました。高校生、中学生の娘二人を抱えて途方に暮れましたが、夫が遺してくれた家と生命保険があり、どうにか生活することができました。

夫が亡くなった後、私は精神的に不安定になり、何をやってもうまくいかないのです。パートで働いていても、まわりの人が楽しそうにご主人や家族の話をしているのを聞くたびに、激しく落ち込みます。学生時代の友人とも会いたくなくなりました。

夫の家族からは、夫が亡くなったのは、私が体調管理をちゃんとしていなかったせいだと恨まれている気がして、会えなくなりました。

自分でもこんな暗い考えはダメだとわかっています。そんな自分を変えたくて、勇気を出して毒蝮さんに相談しました。どうぞよろしくお願いします。

（50歳、女性）

■ボーイフレンドを作るといい。娘たちとも心を開いて話してみよう

そりゃあ、生半可なショックじゃなかっただろう。高校生と中学生だった二人の娘さんをちゃんと育て上げたんだから、立派なもんだよ。だけど、自分でも言っているように、ずっと落ち込んでるのはよくないね。

二人の娘も手がかからなくなったわけだし、ここはボーイフレンドを作るのがいいんじゃないか。映画でも美術展でもいいけど、話が合う相手と一緒にでかけたら生活に張り合いが出て気分も変わるはずだ。「旦那に申し訳ない」なんて思う必要はない。**今みたいに暗い気持ちで毎日を送っているほうが、空の上の旦那は心配だし、それこそ旦那に申し訳ないよ。**

それと、娘たちとも仲よくする。旦那が亡くなった5年前は、二人の娘は「自分が守らなきゃいけない存在」だった。でも成長した今は、大人の女性同士の話ができるはずだ。もともと家族ではあるけど、友達みたいな仲間みたいな関係になれるんじゃゃ

ないかな。一緒に服を買いに行ったり、同じ化粧品を使ってみたりね。
「推し」っていうんだっけ、**同じアイドルを応援するのはどうだ。**ジャニーズでも韓流アイドルでも大谷翔平でもいい。まずは娘に勧めてもらって、あなたも見てみる。「年甲斐もなく」なんて言って遠慮する必要はない。若いアイドルに胸ときめかせることで、気持ちが若返るし余計なことを考え過ぎなくなるよ。

あなたと二人の娘さんが幸せに暮らすことがいちばん大事なんだ

娘さんたちだって、ずっと落ち込んだままのお母さんを見て、ひそかに心配してると思う。いろんな話をして笑い合えたら、きっと嬉しいよ。

亡くなった旦那さんの思い出話も、たまにはいいんじゃないか。**娘たちの心の中には、自分が知らない旦那さんがいるかもしれない。**そういう話は世界広しといえども、あなたと娘たちの三人しかできないんだから。

夫の家族がどうのって書いてるけど、まったく気にしなくていい。そんなことは思ってないだろうし、もし思ってたとしても筋違いの逆恨みだ。あなたが背負い込むことじゃない。

あなたの中で旦那はいつまでも大きい存在だけど、旦那の親やきょうだいは、はっきり言ってもう他人なんだ。心の中で縁を切って頭の中から追っ払おう。ボーイフレンドができて何か言ってきたとしても、そんなのは聞き流せばいい。

大事なのは、あなたと二人の娘さん、つまり生きている人間の幸せだ。**三人が毎日を明るく前向きに生きることが、亡くなった旦那さんにとっての何よりの供養になる。**ボーイフレンドを作るのも亭主孝行だよ。あっちはあっちで、うまいことやってるかもしれないしな。

あなたは、自分を変えたいと思って、勇気を出して相談を送ってくれた。それができた時点で、きっと新しい自分に生まれ変わってる。もう大丈夫だ。たっぷり落ち込んだんだから、あとは元気になるだけだ。娘さんたちと力を合わせて、楽しい人生を送ってくれ。

【お悩み2】

妻が先立って独りになった。自分が生きている意味が見つからない

妻は5年前に先立ちました。65歳でした。子どもはいません。人間関係が苦手で、友達もいません。毎日、買い物がてら散歩するぐらいで、あとはテレビばかり見ています。年金生活で、贅沢したり旅行に行くような余裕はありません。「楽しい」とか「嬉しい」という感情とは、縁がなくなってしまいました。

最近、自分は何のために生きているのかと考え込んでしまいます。地道に働いてきただけの人生で、何のために生まれてきたんだろうとも思います。自分が死んでも誰も悲しんではくれません。虚しいです。だからといって、自ら人生を終わりにする勇気もありません。どうすれば前向きな気持ちになれるのでしょうか。

（72歳、男性）

■相談してるってことは、まだまだ楽しく生きたいと願ってるんだよ

おいおい、辛気臭いなぁ。カミさんに先立たれて寂しいのはわかるけど、後ろ向きなことばっかり言ってたら、ますます気持ちが沈むいっぽうだ。

「何のために生きているのか、何のために生まれてきたのか」なんて、そんなことわかるわけないよ。世界中の哲学者が何千年もかけて考えても、まだ答えが出てないんだから。**とりあえずは「生きるために生きてる」ってことでいいんじゃないか。**もっともらしい理屈を探したって仕方ない。

「俺はもう終わりだ」みたいなことばっかり書いてあるけど、俺に相談を送ってきたってことは、自分を変えたいと思っているわけだよな。少なくとも心の底では、まだまだ楽しく生きたいと願っている。**ボーッと待っていても誰も楽しい毎日のお膳立てなんてしてくれない**から、まずは行動を起こそう。

今は、引きこもりに近い状態にあるのかな。たぶん、誰とも話をしない日のほうが

多いだろう。そんな状態が続いていたら、人との接し方をだんだん忘れてしまう。最初の一歩を踏み出して、誰かと話す状況を作ろう。「楽しい」とか「嬉しい」という気持ちも、その向こうに待っているはずだ。

方法はいくらでもある。同級生や古い知り合いに「いやあ、最近どうしてるかと思ってさ」とか言いながら電話してみてもいい。**もともと仲がよかったかどうかは、気にしなくていいんだよ。**70を越えたら、向こうだって昔馴染みと話をするのが嬉しいんだから。「久しぶりに飲みに行くか」なんて話になるかもしれない。

女性が多いサークルに入れば、モテまくって生きる喜びを感じられる

住んでる市町村や区の広報を読んでみると、地域にあるいろんな趣味のサークルが参加者を募集している。史跡めぐりのイベントなんかも、けっこう頻繁にやってる。最初の一歩として、そういうのに参加してみるのもいいんじゃないか。

70代がやりそうな趣味というと、囲碁や将棋、麻雀あたりが思い浮かぶけど、この

へんはある程度上手じゃないと肩身が狭い。負けてばっかりじゃ面白くないしね。しかも、たいていは男がほとんどだ。すぐに行く気をなくしちゃうよ。

俺がお勧めしたいのは、手芸とかレース編みとかフラワーアレンジメントとか、女性が多いサークルだね。料理もよさそうだ。俺の知り合いで70代からダンス教室に通い始めたのがいる。50人ぐらい女性がいる中で男は数人らしい。大勢のダンスの相手をしなきゃいけないのはたいへんだけど、とにかくモテると言ってた。

男が少ないところ、男を大事にしてくれるところに行けば、**ちょっとぐらい口下手でも、向こうからあれこれ話しかけてくれるよ。**同年代の女性はとにかく自分が話したい人が多いから、あんまりしゃべんない男のほうがいいんじゃないか。

惚れたはれたとかは関係なくても、女性と話すと男は元気になるからね。モテまくれば、生きる喜びを感じられる。せいぜいプレイボーイ気分をあじわってくれ。

それにしても、どうして俺に相談しようと思ったんだ？　メンタルクリニックに行って「気力がないんです」と言えば、お医者さんは何か病名をつけて、薬を出してくれるだろう。きっと、そういうことを望んでるんじゃないんだよな。

少しぐらい強引でも、**とにかく背中を押してくれる、気合いを入れてくれる、そんな存在を求めたのかもしれない。**ほんとはカウンセラーとか相談員みたいな人は、俺みたいなのがなるといいんだよな。ただ、こういうタイプはあんまりいないし、ズケズケものを言うから、すぐ問題になりそうだけどね。

何はさておき、人とのつながりを作ろう。人がどうしても苦手だったら、独りでやれる趣味を見つければいい。まだ70代なのに、生きる気力をなくすのは早すぎるよ。人間は生きてりゃいいことがあるし、どうせ生きるなら明るく楽しく生きようじゃないか。それこそカミさんが死んじゃって子どももいないなら、誰にも遠慮や気兼ねをする必要がないんだから。

【お悩み３】

80歳になりました。やがて必ず訪れる「死」が怖くてたまりません

とうとう80歳になってしまいました。どうすればマムシさんのように、元気はつらつな高齢者になれますか。体力には自信があったんですけど、いわゆる「後期高齢者」になった頃から、体のあちこちにガタがきました。物忘れもひどくなって、だんだん年老いていく自分が嫌でたまりません。

この先、さらに歳を取っていくのかと思うと、「もうやめてくれ！」と叫びたくなります。そして、その先にある「死」が怖くてたまらない。我ながらバカげた相談だと思いますが、少しでも前向きになれるヒントを授けてください。

（80歳、男性）

■今できるのは毎日を楽しむこと。悲観的な考え方が不幸を招く

叫んだところで老いは止まらないし、「死」にしたって怖がったところでいつか必ずそうなる。まるで自分だけが世界の不幸をしょってるみたいな気になってるかもしれないけど、みんな同じなんだ。

あなたがもし「自分はなんて不幸なんだ」と思っているとしたら、その悲観的な考え方こそが不幸の原因を作ってるんじゃないかな。

あなたは80歳だけど、こうして文章を書いて俺にメールで相談できてる。たいしたもんだよ。もっと若くして認知症になることだってあるし、それこそ死んじゃうヤツもいる。寝たきりになってるのもいるだろう。**むしろ「自分はなんて幸せなんだ」と思ってほしいね。**

ウジウジ考えていても、元気は出てこない。「あちこちにガタ」ぐらいで、動けないわけじゃないんだろ。外に出かけてみると、いろんな年寄りに会えるよ。自分と同

年代ぐらいで元気なのがいたら「しょぼくれちゃいられない」と対抗意識が湧いてくるし、自分より弱ってるのがいたら、ちょっと行儀は悪いけど、心の中で「俺は恵まれてる」と思えばいい。

老いていくことを嫌がったり死を怖がったりなんて、もったいないよ。今、あなたは生きているし、元気だって残ってる。今日をどう生きるか、明日は何をするかを考えようじゃないか。今できるのは、毎日楽しく過ごして「生」を充実させることだけなんだ。

生と死はセットなんだ。死を怖がるなんて、これほど無駄な抵抗はない

人間はオギャーと生まれた瞬間から、死に向かっての旅が始まる。生まれることと死ぬことは、朝起きて夜寝るのと同じでセットなんだ。死を嫌がるなんてのは、これほど無駄な抵抗はない。

もし神様がいて、そういう人間を見たら「愚かだなあ」と鼻で笑うだろうね。死ぬ

ことを心配する暇があったら、自分がちゃんと生きてるかどうかを心配しよう。

直木賞作家で国会議員もやった**今東光和尚は、「人生は冥土までの暇つぶし」と言った。**暇つぶしだからダラダラと過ごせばいいという意味じゃない。せっかくなら、なるべく上等の暇つぶしをしようってことだ。避けられない「死」を怖がっているのは、あんまり上等な暇のつぶし方じゃないね。

奈良の斑鳩《いかるが》にある「吉田寺《きちでんじ》」というお寺は、「ぽっくり往生の寺」として大人気だ。お参りすると苦しまずに死ねると言われている。ここに来る人は、早く死にたくて来ているわけじゃない。**命の終わりが来る日まで、いい人生を送りたい、よく生きたいと願っている。**だからみんな明るく笑いながら参拝してるんだ。

四国八十八ヵ所のお遍路さんだって同じだよ。遍路の旅に出る人は白装束に身を包んでるけど、あれは死に装束なんだ。

金剛杖は「お大師さま（弘法大師）」の分身であり、頭のところのカバーを外すと卒塔婆の形をしている。もし旅の途中で死んだら、どこかに埋めて卒塔婆を立ててくださいってことなんだよ。だからって、死のうと思って旅をするわけじゃない。どう生きるかを考えるために、死を身近に感じながら旅をするんだ。

普通の人もお遍路さんも変わりはない。死とともに生きて、人生という旅を続けている。**充実した毎日を過ごせば、いい死に方ができる。**俺はそう思って、日々を過ごしているんだ。えっ、なんだって、「いい死に方って、どういう死に方か」って？　俺に聞くなよ。まだ死んだことないんだから。

【お悩み4】

長年の親友を亡くしてふさぎ込む77歳の父を元気づけてあげたい

父は77歳。春に父の長年の親友が亡くなりました。会社の同期で公私ともに仲がよかったようです。癌で長く闘病なさっていました。「最後の入院」だとわかっていても、コロナ禍でお見舞いにも行けず、お葬式もありませんでした。

以来、父はすっかりふさぎ込んでいます。時おり「もう一度、飲みに行こうって約束したのに」「俺とヤツががむしゃらに働いたから、会社の今があるんだ」などと、父らしくないことを呟いています。このまま認知症になってしまわないか心配です。どうすれば元気づけてあげられるでしょうか。

（50歳、女性）

■思い出話をするのも、残された人が元気に過ごすのも供養だ

お父さんにとっては、人生をともに戦ってきた戦友なんだろうね。そりゃ、辛いよな。ましてやコロナ禍で、お見舞いにも行けなくてお葬式もないとなると、気持ちの区切りがつかない。コロナウイルスってヤツは、つくづく厄介だよ。

あなたも辛いだろうけど、**しばらくは言いたいだけ言わせてあげるのがいいと思う。**「お父さん、もうそんなこと言わないで」って抑えつける必要はない。思い出話をするのは、線香や花をあげるのと同じように、立派な供養だからね。

ただ、そういう状態がいつまでも続いて、「俺も早くあいつのところに行きたいよ」「もう生きててもしょうがない」なんて、どんどんマイナスのスパイラルに入っちゃうのはよくない。タイミングを見て、娘のあなたが、

「お父さんが元気出さないと、お友達の○○さんが悲しむわよ」

「お父さんのそういう姿、○○さんは見たくないんじゃないの」

なんて言ってあげればいい。それが家族や娘としてのサポートなんじゃないかな。

思い出話と同じように、残った人が元気に過ごすのも供養だよ。俺も親を亡くしたときは人並みに悲しかったし、親友の立川談志の野郎も２０１１年にさっさとあの世に行っちまった。同級生だって、一人減り二人減りしていく。

ふさぎ込んでいたら供養にならないから、上を向いて空に向かって**「俺はまだまだ元気で頑張るから、そっちから見てろ」**って心の中で叫んでる。「だから気長に待ってろ」ってね。

先に亡くなった人は「置き土産」をして、何かを伝えてくれている

それと、先に亡くなった人は、必ず「置き土産」をして残ったこっちに何かを伝えてくれているはずなんだ。

たとえば癌の発見が遅れて死んだんだったら、早期に発見できるようにマメに検査を受けないといけないとか、交通事故だったら事故にあわないようにこういうことに

気を付けようとか、酒の飲み過ぎが原因だったら少し控えようと自覚させてくれるとかね。

　財産がぐちゃぐちゃになってて遺族がもめてる、なんてケースを見ることもある。亡くなった友達のカミさんが「あの人、とうとうやさしい言葉のひとつも言わないまま逝っちゃったのよ」ってこぼしてたら、自分は言っておこうと思えるだろう。

　置き土産っていうより、形見だね。**大事な人が形見として残してくれた「教え」をしっかり受け止めるのも、生きているものの務めだよ。**

「このまま認知症になってしまわないか心配です」って書いてるけど、それは大丈夫だ。昔のことをあれこれ思い出すのは「回想法」って言って、認知症予防に効果があるといわれている。

　あなたが話し相手になって「会社ではどんな人だったの?」「どういう仕事を一緒にやったの?」なんて、どんどん聞いてあげてもいい。親の昔のことを聞くいい機会でもある。**そういう時間が持てることも、亡くなった人からの贈り物だよね。**

　どんなに大事な人が亡くなったとしても、落ち込んだ状態が何年も続くわけじゃない。生活をしていくあいだに、少しずつ落ち着いた気持ちに戻っていく。それはけっして、その人に対する思いが薄くなったってことじゃない。落ち着いて自分の人生を生きてるってことだから、それでいいんだよ。

あなたのお父さんも、だんだん元気になっていくはずだ。それにしても、**父親思いのいい娘さんだね。**これからもお父さんのことを大事にしてあげてくれ。

【お悩み5】

癌で余命数カ月の夫が暴言を投げつけてくる。どう接すればいいか

61歳の夫は癌で闘病中です。お医者さんには、あと数カ月と言われています。1年半前に癌が見つかったときには、かなり進行していました。もともと、いわゆるDVの傾向がある夫でした。気に入らないことがあると「バカヤロー！」といった暴言や、物を投げてくるなどの暴力も受けました。

病状が進むにつれて、そんな傾向がどんどん強くなっています。一生懸命に世話をしているのに、毎日ひどい言葉を言われて腹が立って仕方ありません。私もつい言い返して、そのたびに落ち込んでいます。でも、目に見えて弱っていく夫を見捨てるわけにもいきません。子どもはまだ中学生で、先々の不安もふくらむばかりです。毎日、苦しくてたまりません。私はどうすればいいのでしょうか。

（53歳、女性）

■暴言は病気が言わせている。旦那のいいところを思い出してみよう

暴言や暴力に怒ってるけど、旦那さんが余命宣告を受けている状態は、かなりショックだと思う。しかも、子どもがまだ中学生か。そりゃ、苦しいよな。不安がふくらむのは当然だ。

頭の中がしっちゃかめっちゃかになってて、どこにも出口がないように思えるかもしれないけど、**きっと乗り越えられるよ。**今、まずやらなきゃいけないのは、病気で弱ってる旦那さんの面倒をしっかり見てあげることだ。

せっせと世話しているのに、ものを投げつけられたりひどい言葉を言われたりしたら、そりゃ「コノヤロー」と腹が立つ。

だけど、以前はともかく、今は旦那さんは病気なんだ。**本人も辛いだろう。61歳の若さでそうなっちゃったのは、さぞ悔しいだろう。**「この言葉は旦那が言ってるんじゃない。病気が言わせてるんだ」と自分に言い聞かせて、広い心で受け流してあげて

ほしい。

ヘンな言い方になっちゃうけど、今の状態はそれほど長く続くわけじゃない。これまで一緒に過ごしてきたんだから、旦那にもいいところがあるはずだ。追い詰められると、そういうことも忘れてしまう。

寝顔でも見ながら、楽しかったことや相手のいいところを思い出してみるといいよ。悔いのない時間を過ごしてくれ。

辛い内容の相談だけど、**文面からは、ケンカしながらも仲よくやってきた夫婦関係が垣間見えてくる。**

この夫婦はどうかわからないけど、妻も夫もものを投げつけたり荒っぽい言葉で責めたりするのは、お互い様というケースも多い。夫婦というのはどこかでバランスが取れているもんだ。

「ＤＶに甘すぎる」と怒る人もいるかもしれないけど、そこは夫婦の問題だからね。他人がとやかく言うこっちゃない。

相手がどうしてほしいのか、一度聞いてみるといいんじゃないかな

たぶん旦那さんは、自分でも先は長くないことをわかっているだろう。その状況を受け入れるのは簡単じゃない。イライラするし八つ当たりもしたくなる。こっちはこっちで、いっぱいいっぱいになって相手の気持ちを想像する余裕なんてない。

俺の知り合いで、口うるさい奥さんが癌で余命わずかになった。あなたとは逆のパターンで、病院でも旦那に文句ばっかりつけてた。旦那はいつもなら言い返してケンカするんだけど、相手は病人だからとグッとこらえてやさしく接していた。

そしたらある日、**奥さんに「そんなにやさしくしないでよ。まるで私、もうすぐ死んじゃうみたいじゃない」って泣かれたって言うんだよ。**奥さんも不安で、怖かったんだろうな。旦那は「どうしてほしい？」って聞いてみた。

すると奥さんは、「いつもどおり接してほしい。いつものあんたが好きなんだから」って。

あなたの旦那がどう思っているかはわからないけど、一度「どうしてほしい？」と

聞いてみてもいいかもしれない。

ケンカ腰じゃなくて、やさしい口調でな。聞かないままだと、いつの日か看病が終わって旦那のことを思い出すたびに、**「あれでよかったのかな……」と自問自答し続けなきゃいけなくなる。**

配偶者の看取りっていうのは、するほうもされるほうもたいてい初めての経験だ。しっかりコミュニケーションを取って、悔いを残さないようにしてくれ。

【お悩み6】

80代の親は「もういつ死んでもいい」が口癖だがリアクションに困る

父親は85歳、母親は82歳。クルマで20分ほどのところに住んでいて、まだまだ頭も体も元気です。週に一回ぐらいのペースで様子を見に帰っているんですが、話をしていると「もういつ死んでもいい」「これ以上長生きしたって、いいことなんて何もない」なんてことをすぐ言い出します。父親も母親もです。

どう返していいかわからないので、そのたびに「なに言ってんだよ」と流していますが、それでいいんでしょうか。ちなみに、二人とも食べ物に気を付けたり散歩が日課だったり、健康には人一倍気を付けていて、「いつ死んでもいい」と思っているとは思えません。

（56歳、男性）

■「自分はまだ生きてていいんだ」と思いたくてそう聞いてくる

ラジオの中継でジジイやババアが集まってるところに行くと、「もう死にたいよ」って言ってるのがよくいる。「じゃあ、死んじまえばいいじゃねえか」って言いたいけど、さすがにそうはいかない。**向こうは「そんなこと言わないで長生きしてくださいね」って言ってほしいわけだ。**そう言われることで「自分はまだ生きてていいんだ」って思いたい気持ちもあるんだろうな。

俺はそんなときには、「好きなものが何かあるだろ？」って聞いてみる。

天丼が好きだとか相撲を見るのが好きだとか、誰だっていろいろあるじゃない。死んじゃったらそれ食えないよ、もう見られないよ、そんなふうに言うことが多いね。

マムシが来るからって集まってくれたジジイやババアだから、「死んじゃったら俺に会えないよ。いいのか？」って聞くと、「よくない。会いたい」って言ってくれる。**「じゃあ、元気で生きてなきゃダメだ。元気ならまた会えるからな」**って言うと、「そうだな。そうするか」って。俺のほうだって、約束した限りは元気でいなきゃいけない。相乗効果になるから、よくそう言ってやるんだよ。

自分の親が「もういつ死んでもいい」なんて言い出したときも同じだ。

「まだまだ長生きしてよ」だけだと、決まり文句で言っている感じになっちゃう。「死んだら、好きなお寿司も食べられないよ」「孫の○○と遊べなくなってもいいの」なんて言って、「そりゃ困る」と思わせるのがいいんじゃないかな。「またみんなで旅行に行こうよ。どこに行きたい？」なんて、楽しい計画を立てるのもいいね。

あなたが言うように、親だって本気で「死んでもいい」と思ってるわけじゃない。**そういう気弱なことを言ってるのは、たぶん寂しいからだ。**「まだまだ孫の面倒見てもらわないと困るんだから」って頼ってやるのもいいと思う。

病気で気弱になっている親には「あわてる必要はない」と言ってあげよう

元気な親にはそれでいいとしても、病気で寝込んでいる場合はそうはいかない。病院を何度も出たり入ったりしてる親に「もう死んだほうがマシだよ」なんて言われたら、どう答えていいか困っちゃうよな。

俺なんか、入院している友達の見舞いに行って気弱なこと言われると、ブラックジョークで**「いやー、死ぬのもいいもんだよ。あの世では知ってるヤツがたくさん待ってるから、早く行ってみるか」**なんて言ってやるんだけどね。「あの世に行っちゃったヤツらがたくさんいるけど、あの世がいいところかどうか、ぜんぜん言ってこない。報告してくるまで待てばいいよ」って言うこともある。

でも、こっちも同じぐらいの歳だからかろうじてジョークになるけど、子どもが親に対してそんなこと言えないよな。**「死ぬのはいつでも死ねる。あわてる必要はない。死ぬことを不安に思うより、それまでは生きることを楽しもうよ」**ってね。こっちなら、親にも言えるかな。

人間が歳を取っていちばん寂しいのは、自分は役に立ってないんじゃないかっていう気持ちになることなんだ。役に立ってる実感、いわゆる「有用感」を持てなくなる。

元気な状態ならもちろん、たとえ寝たきりでも、「あなたが生きていることが役に立ってるんだ」っていう意味のことを言ってあげるといいよね。

「母さんのおかげで大きくなれたし、こうやって元気でいられる」でもいいし、「おばあちゃんと会って話をすると、また明日から仕事を頑張れる」でもいい。**あなたが生きていてくれてありがたいんだってことを強調してあげることが大事だね。**

テレビをつけたら怖いニュースばっかりで、元気をなくしている年寄りも多い。遠くに住んでると普段は電話になっちゃうけど、少しでも元気が出るようなこと、生きてるのが嬉しいと思えるようなことをたくさん言ってやってくれよ。やさしくすることで、言ってるほうだってあったかい気持ちになれるはずだ。

ほら、やっぱり年寄りは、生きてるだけで役に立ってるじゃないか。

【お悩み7】

夫婦で一緒に終活をしたいのに、なぜか妻が乗り気じゃない

私は79歳、妻は76歳。ともに後期高齢者となり、そろそろ「終活」が必要な歳になりました。先日、書店でエンディングノートを買ってきました。妻に「一緒に書こう」と言いましたが、「私はいいわ」とあまり乗り気ではありません。何度水を向けても同じ反応で、いささか困っています。

子どもたちのためにも、ちゃんとしておきたいと思っています。それには、夫婦で相談しながら意見を合わせておく必要があると思います。妻をどう説得すればいいでしょうか。マムシさんは、終活についてどう考えてらっしゃいますか。

（79歳、男性）

■格式張らずに日常の何気ない会話の流れで明るく話すのがいいよ

エンディングノートか。俺はそういうのは書いてないな。おとっつぁんは、たぶん真面目な人なんだろうね。物事に真面目に取り組むのはいいことだけど、格式張って「一緒に書こう」と切り出されても、奥さんだって尻込みしちゃうよ。

こういうことを夫婦で話すとしたら、日常の何気ない会話の中で、明るくしゃべったほうがいい。**二人とも元気なうちに話しておくことも大事だな。**ウチもメシ食ってるときに、知り合いが入院したなんて話が出た流れで、自分たちのこれからのことについて話をすることもあるよ。

延命治療はやらなくてもいいよなとか、子どもがいないから墓は永代供養にしたほうがいいかなとか。**いっそ野ざらしにするかなんて、ふざけながら笑って話してもいいんだよ。**

あらたまって「さあ、これから終活の話をしよう」と言われると、もともと重い話題なのに、ますます重い雰囲気になっちゃう。話しておいたほうがいいというのは、奥さんだってわかってるはずだ。でも、深刻な調子で話し始めると、「縁起でもないわね」とか「私が死ぬのを待ってるの」って気持ちになるかもしれない。

知り合いの訃報があったときが、自分たちの死について語り合うチャンスだ。あの人はああだったけど、自分たちはどうしたらいいかな。こういうやり方もあるらしいよなんて、いろんな例を知っておくといいよね。

葬式なんかも、コロナ禍でずいぶん簡単になった。「家族葬にして身内だけ来てもらえばいいんじゃない」と一度でも話しておけば、あとから「ほんとは盛大にやってほしかったのかな」なんて残された側が思い悩まなくても済む。

せっかく今は元気なのに死のことばっかり考えているのはもったいない

ウチのカミさんは、もし自分が先に死んでも世間には発表しないでくれって言ってる。面倒臭いし、何かとややこしいからって。発表されちゃったら、俺と仕事の付き合いがある人が、カミさんのことを直接には知らなくても、何かしたほうがいいのかなって悩むことになる。それは俺としても申し訳ない。

自分が先だとしても、なるべく静かに死ぬのが理想だな。しばらく時間がたってからそっと発表して、**新聞とかで記事を見た人が「マムシのヤツ、とうとうくたばりやがったか」と思ってくれたらそれでいい。**いろいろ気をつかってもらうのはありがたいけど、カミさんにたいへんな思いをさせることになるからね。

おとっつぁんもエンディングノートを書きたいなら、とりあえず自分で書けるところを埋めればいいんじゃないか。貯金や保険や不動産のこととかは、わかりやすく整理しておけば残された人はありがたい。**遺言書なんかも、早めに書いておいたほうがいいっていうよね。**あれは何度でも書き直しできるそうだ。俺もそろそろ書いたほうがいいかなと思いながら、ずるずると先延ばしにしている。

ただ、遺言書を書くにしたって、おとっつぁんの言うように奥さんと意見を合わせておかなきゃいけない。あんまり焦らずに、新聞を読んでて「こんな記事があるよ」なんて話をきっかけにするとかがいいんじゃないか。

とにかく「終活をしなきゃ」と思い悩まないことが大事だ。今は元気なんだから、まず心がけたいのは毎日を充実させることだよ。せっかく元気なのに、死のことばっかり考えているのはもったいない。死んだあとのことなんて、結局は自分ではわからないんだから。

死についてあれこれ考えるよりも、**毎日をいかに明るく楽しく生きるかを考えたほうが、上手に死ねる気がするね。**明るい人は明るく死ねる。太陽が出てる時間か、夜でも電気がついているところで死ねたら万々歳だ。

一生懸命に終活したって、死に方や死んだあとのことを完璧にコントロールできるわけじゃない。開き直って、気楽にやろうじゃないか。

第6章　マムシ流　愛される年寄りになる12の極意

■「愛される年寄り」になるのは、楽しい老後を過ごす必須条件だ

ここまでは、高齢者からの悩みや高齢者をめぐる悩みに答えてきた。石川五右衛門じゃないけど、浜の真砂は尽きるとも世に悩みの種は尽きまじ、だな。

この章では「愛される年寄り」になる極意を考えてみよう。まわりを見渡してみると、いつも人に囲まれて笑いが絶えない毎日を送っている年寄りもいれば、独りで寂しそうな年寄りもいる。

誰かと一緒に笑い合えるのは何よりの幸せだ。人との関わり合いは、生きるエネルギーを与えてくれる。「愛される年寄り」になるのは、楽しい老後を過ごす必須条件と言っていいだろう。楽しくなきゃ、生きている甲斐がないからね。

もちろん、媚びる必要なんてない。揉み手をしてご機嫌を取る必要もない。そんなことしたって愛されないよ。無理してるな、面倒臭そうだなと思われるだけだ。「愛される年寄り」は、人付き合いが得意なだけじゃない。イライラや妬み嫉みのような

マイナスの感情とは無縁な「毎日を穏やかに機嫌よく過ごせる年寄り」だったり、「人や出来事や自分を愛することが得意な年寄り」だったりもする。

＊　　＊

順番に「12の極意」を見ていこう。「これは自分には無理そうだ」っていうのは、とりあえずスルーしたっていいよ。すぐにはできなくても、「そうしたほうがいいかもな」と頭の隅にしまっておけば、少しずつそっちに近づいて行けるはずだ。

極意その１　愛嬌とユーモアを忘れない

いつもイライラしてたりムスッとしてたりしたら、誰も近寄ってては来ない。そういう人は、たいてい「もともとこんな顔なんだ」と開き直ってる。だけど、顔っていうのはその人の看板なんだ。ハンサムかどうかは関係ない。**大事なのはどんな表情をしてるかだ。**ムスッとした表情という看板を掲げていたら、いかにも歓迎する気がなさそうに見える。そんな店は閑古鳥が鳴くだろうね。

もし「面白い話をしてくれたら笑顔ぐらい見せるよ」なんて思っているとしたら、甘ったれてるにも程がある。なんでわざわざ、愛想のないヤツのご機嫌を取らなきゃいけないんだ。機嫌は人に取ってもらうもんじゃない。自分で取るもんだ。昔、俺のファンで相馬清四郎さんという明治生まれの大先輩がいた。信州に住んでた元小学校の校長先生で、１００歳を越えても元気で頭もしっかりしてる。

ある時、俺のラジオの中継に来たあとに送ってくれた手紙に「私も１００歳になってもういつ死んでもいいんだけど、マムちゃんに生きていれば楽しいことがあると言われたから、あの世に行くのを２、３年延期しようと決心しました」と書いてあった。そしたら本当に１０３歳で死んじゃった。

その時の手紙がシャレてて、元校長先生だから文章も字もしっかりしてるんだけど、**なんとパチンコ屋のチラシの裏に書いてあったんだよ。**最初は下書きのつもりで書いたのかもしれない。清書するのが面倒臭くなったのか、どうせ芸能人はファンレターなんて読まないと思ったのか、そのまま送ればいいやと思ったんだろうね。

失礼といえば失礼なんだけど、腹が立つどころか笑っちゃった。いかにもカタブツそうな文面なのに、パチンコ屋のチラシで送ってくるところが、なんとも愛嬌がある。そういう緩さと柔軟さが年寄りには大事なんだ。

それからちょいちょいやり取りするようになって、別のときに電話で「柿を送るよ」って言ってきた。楽しみに待ってたら、リンゴが届いた。**俺が「柿じゃなくてリンゴじゃねえか」って言ったら、「ウチのほうじゃ、それを柿って言うんだよ」なんて言ってやがる。**ユーモアもあるジジイだったな。今でも強く印象に残ってる。

極意その2　無理してカッコつけずにスキを見せていい

清四郎さんの話の続きだけど、冬は信州は寒いから千葉の娘のところに滞在していて、ラジオの「ミュージックプレゼント」の中継現場に来てくれた。現場で話しかけたら、返した言葉が周囲にいたジジイやババアにウケたんだよね。そのあと、さっきのパチンコ屋のチラシの手紙をくれた。そこにはこうも書いてあった。

「私は人様に笑われるようなことはしてはいけないと思って生きてきましたが、マムシさんと会って人様に笑われて、こんな楽しいことはなかった」

１００歳にして、人に笑われる楽しさに目覚めたわけだ。バカにされて笑われるのは愉快じゃないけど、**自分の言葉で誰かが笑ってくれたら、そりゃ嬉しいよ。**罪のない笑いっていうのは、笑ったまわりも笑われた自分自身も幸せにする。

いつもカッコつけてスキを見せないようにしてる人が、仮にバナナの皮で滑って転んだとしても誰も笑えない。笑ったら怒られそうだ。どっか抜けたところがあって、気軽にツッコミを入れられる人には、誰もが親しみを抱く。そういう人が口にした言葉は、まわりを笑顔にする。言葉に巧まざるユーモアってやつが宿るんだよな。

カッコつけてなくてスキを見せる名人といえば、１００歳を越えても現役の医師として活躍した聖路加国際病院の日野原重明先生を思い出す。**あれだけ偉い先生なのに、いつもニコニコしていてどんなことでも話してくれた。**

ある時、俺が「先生も初めての手術のときは緊張したんじゃないですか」って聞いたら、「緊張しましたよ、マムシさん。私ね、最初の手術のときに看護婦長に助けられたんです」って言うんだよ。

肝臓を切る手術をするはずだったんだけど、お腹を開いてメスを入れようとしたら、婦長が耳元で**「先生、それは腎臓です。肝臓はこちらです」**って教えてくれたんだってさ。しっかり勉強したはずなのに、緊張してたから間違えそうになった。そんな失敗談も、隠さずにしてくれる人だったね。

ただ、あとから周囲のスタッフに「日野原先生、こうだったらしいね」って聞いたら、誰も知らなかった。考えてみたら、大先生に「最初の手術は緊張したでしょ」なんて平気で聞けるのは俺ぐらいだよな。**いやほんと、チャーミングな人だったよ。**

極意その3　人の家に行くときは面白い話を手土産にする

これは昔芸者をやっていたタカさんっていう人に教わった。ちゃきちゃきの江戸っ子だったけど、「人の家に行くときは、面白い話とか手土産のひとつも持っていくもんだ。それもなしに愚痴こぼしてたら、相手が嫌がるよ」って言ってたな。

手土産がなかったら、面白い話を持っていけばいい。特別な話じゃなくていいんだよ。「今日、家の前を通ったら、誰かが道を掃いてくれたみたいで、ホウキの目がきれいにそろってたわ」なんてのでもいいし、**「塀の上にいた猫にお辞儀された」でもいい。**「あら、そうなの」とお互いがニッコリできれば、会話の取っ掛かりになる。作り話だっていいんだよ。

お互いがニッコリできる面白い話をいつも手土産にしてれば、「あの人が来ると、なんか楽しい」「また近いうちに会いたい」と思ってもらえる。ためになる話なんていらないんだよ。相手はこっちの講義を受けたいわけじゃないんだから。たとえ立派な手土産を持っていっても、愚痴や悪口しか言わないヤツは嫌われるだろうね。

俺の親父は大工だったんだけど、いちばん下っ端で修業してたときに、口が達者で陽気なもんだから、ずいぶん先輩にかわいがられたらしい。ウナギだの天ぷらだのって、うまいもんをよく食べに連れてってもらったと言ってた。「面白いヤツ」だったから、「こいつと話したい」と思われて得してたわけだ。

学校時代を思い出すと、たとえ勉強やスポーツはできなくても、面白いヤツは人気があった。会社だってそうだ。仕事の能力はたいしたことなくても、面白いヤツのまわりには人が集まる。そうすると助ける人がたくさん現われて、結果的にいい仕事ができたりもする。**「面白い」は七難隠すんだよ。**

極意その4　「やさしいウソ」は人間関係を円滑にする

顔見知りのババアが、年甲斐もなく派手な服を着てたとする。まったく似合ってなかったとしても、正直に「似合ってねえよ」と言うヤツはいない。思いっ切り持ち上げる必要はないけど、「華やかでいいね」ぐらいは言ってやりたいところだ。

俺はよく「毒舌」だと言われる。**毒蝮って名前だから仕方ないんだけど、人を傷つけることや悲しい気持ちにさせることはけっして言っていないつもりだ。**似合わない派手な服を着たババアがいたら、「おいおい、クジャクかと思ったよ」ぐらいのことは言うかもしれない。だけど、そのあとで「いやあ、いいねえ。気持ちが明るくなるよ。着てるあなたもそうだろ」なんてフォローするだろうな。

そうすれば、本人は「ああ、勇気を出して着てよかった」とホッとしてくれる。相手がホッとしている様子が伝わってきたら、こっちだって気分がいい。ホントかウソかと言えばウソかもしれないけど、この手の**「やさしいウソ」は大いに活用しようじゃないか。**適度に「やさしいウソ」をつくことで、人間関係が円滑になるし、毎日を楽しい気持ちで過ごせる。

電車に乗ってて、若者に席を譲られた年寄りが、ムキになって遠慮してる光景を見ることも多い。怒り出すヤツもいる。

それじゃあ、若者はだんだん席を譲らなくなるよ。そのくせ、「最近の若者は席を譲らない」と怒ってる年寄りもいる。

次の駅で降りるから、座ったり立ったりするのがかえって面倒ってこともあるかもしれない。「やっぱり年寄りに見えるんだな」とショックを受けたかもしれない。だとしても、そこは「ありがとう」とお礼を言って、ニッコリ笑って譲られようじゃないか。それも「やさしいウソ」だ。

せっかくのやさしい気持ちを踏みにじるぐらいなら、自分の都合はいったん胸にしまっておこう。それを自然にできるのが、年の功ってことなんじゃないかな。

極意その5　誰に対しても「公平」に接する

当たり前だと思うかもしれないけど、これがけっこう難しい。親しい相手と初めて会う相手とで態度が違うのは、仕方がないし当然だよ。だけど相手を値踏みして、エライ相手とエラクない相手とで態度を変えるのはよくない。

軽く扱われたほうは当然おもしろくないし、ずっと根に持つだろう。ご機嫌を取ってもらったほうだって、まともな感覚を持っていたら、素直に浮かれたりはしない。**「この人はそういうことをするんだな」**と思って、こっちと距離を取る。

それより怖いのが、相手によって態度を変えている様子を見ている周囲の目だ。口でどんなに体裁のいいことを言ってたって、そんなことをしていたら誰もまともに相手にしてくれなくなる。だんだん人が離れていくだろうね。

俺はけっこう子どもにもインタビューしてるんだけど、ある時、こんなことがあった。どっかの幼児教室だったかな、４つぐらいの子どもたちに「君たちは、いくつまで数えられるんだ?」と聞いたら、一人の男の子が元気よく手をあげて「ボク、１００まで!」と言ってる。

「すごいなあ、やってくれよ」と頼んだら、「１、２、３、４、５……」って数え始めた。無理なんじゃないかなと思って見てたら、「20、30、50、60、１００」だって。途中から飛ばしてんだよ。だけど「飛ばしたじゃないか」って指摘したら、その子に恥をかかせることになる。プライドが傷ついちゃうよね。

だから俺は、「いやあ、よくやった。すごいねー」とホメてやった。その子はニコニコ笑って大喜びしてたよ。様子を見ていた先生が「そういう教え方がいちばんいいんです」って俺をホメてくれた。俺は専門的な知識やノウハウなんてないけど、ここは**その子の尊厳を認めてあげるのが大事だ**と思ったんだろうな。

一生懸命に１００まで数えてくれたんだから、努力と意欲はちゃんと認めてあげなきゃいけない。大人と同じ基準で「飛ばしたじゃないか。それじゃ数えたことにならない」と指摘するのは、公平でも何でもないよ。相手の基準で相手の目線に立って、きちんと敬意を持って接するのが本当の公平だ。

年寄りになると、若者に対して最初から「教えてやる」「指導してやる」というスタンスで話す人が多い。年齢が上ってことだけを根拠に、相手を見下してるわけだ。うっとうしい年寄りだよね。**相手が年上だろうが年下だろうが、同じように尊重して共感できるのが「公平」に接するってことだ。**

極意その6　自分の気持ちは口に出して相手に伝える

相談の回答でもそういうことを言ったけど、今は「言わぬが花」の時代じゃない。相手に伝えたい気持ちは口に出して伝えよう。「夫婦だからわかるだろ」「親子だからわかるだろ」「長い付き合いだからわかるだろ」は、言ってみれば甘えだよ。言えない自分の気の弱さや怠慢を正当化してるだけだ。

とくに口に出したほうがいい言葉が3つある。それは**「ありがとう」**と**「すまないね」**と、そして**「愛してるよ」**だ。

TBSラジオの「ミュージックプレゼント」の中継の現場にジジイとババアの夫婦

が来ると、とくにジジイに「ほら、カミさんに『愛してる』と言ってやれ」と、無理やり言わせたりする。今までそんな言葉は口にしたことないジジイばっかりだ。そんなきっかけでもない限り、死ぬまで言いやしないよ。

でも、俺に促されてテレながら口にすると、カミさんが感激して涙ぐむんだよね。今までに何人、初めての「愛してる」を言わせたかわからない。それは、50年以上続いている「ミュージックプレゼント」の大きな功績だと、俺は思ってる。

年寄りの世代は「ありがとう」と「すまないね」も、口に出すのをサボりがちだ。口にして相手に伝えなきゃ、思っていないのと同じだよ。世話になっても感謝しない、申し訳ないという気持ちも持たない、そういう人間だと思われるってことだ。「愛される年寄り」になんて、なれるわけがない。

ほかにも、口にしたほうがいい言葉はいっぱいある。「**申し訳ない**」「**俺が間違ってた**」「**ごめんな**」も、いくらそう思っていても口にしなかったら相手には伝わらない。「**迷惑かけるね**」「**悪いね**」も、省略は誤解の元だ。

口にするのが苦手な年寄りが多いだけに、その分、ちゃんと口にできる年寄りは

「おっ、この人は違うな」と思ってもらえる。相手に気持ちが伝われば、さっきの「愛してる」と言われたカミさんじゃないけど、何らかの反応が返ってくる。喜んでくれたり「こちらこそ」なんて言ってくれたりね。

どんな反応にしたって、それは嬉しいもんだよ。**どんどん口にすることで、相手も自分も幸せになれる。**何より、言葉はタダなのがありがたいよな。

極意その7　3つの〝いじ〟を全力で遠ざける

これはとくに、介護を受ける立場になった年寄りに言いたい。俺が勝手に考えたんだけど、介護してもらうときに遠ざけたい3つの〝いじ〟がある。それは**「いじけない」「意地を張らない」「いじめない」**だ。

誰だって歳を取るし、歳を取れば体も弱ってくる。介護を受けるのは、恥ずかしいことでも悪いことでもない。世話してくれる人に感謝して、その気持ちを伝えるのは大事だけど、卑屈にならずに堂々と介護されればいいんだよ。

本人にしてみれば、もどかしい気持ちがあるだろう。だけど「もう自分なんて生きていても仕方ない」なんて、いじけたってしょうがない。**いじけられたら、介護してる相手もどう答えていいかわからないし、自分もますます暗い気持ちになる。**

独り暮らしは無理だったり、紙おむつをしたほうがいい状態だったりするのに、意地を張って「まだ大丈夫だ！」と言い張る年寄りも多い。気持ちはわかるけど、自分が意地を張れば張るほど、周囲の心配は募るし余計に世話をかけることになる。老いては子に従えって言うけど、子どもや若い世代からの勧めを素直に受け入れるのも、年寄りの大事な仕事だ。

介護の仕事に就いている人たちは、俺たちが想像する以上に、世話している年寄りからの「いじめ」に苦しんでる。家で介護している場合も同じだ。

たとえば施設にしたって、いわばお客でもある利用者は職員より強い立場だ。たまに年寄りをイジメている施設や職員のことがニュースになることもあるけど、大半の施設や職員は年寄りを丁寧に扱っている。それをいいことに、年寄りが些細なミスを強く責めたり、暴言を吐いたりするケースは多いと聞く。

この3つの〝いじ〟を遠ざけたいのは、介護を受けてる年寄りだけじゃない。日常生活全般に言えることだ。甘い誘惑に負けてしまうと、愛される年寄りへの道は閉ざされてしまう。そこはいい意味での「意地」を張って、全力ではねつけよう。

極意その8　積極的に口に出したい3つの言葉

介護を受ける側が介護する側にかける言葉について、阿木燿子さんにいい話を聞いたことがある。第3章の相談での回答でも、ちょっと紹介したかな。あらためて詳しく話そう。阿木さんは、夫の宇崎竜童さんのお父さんを長いあいだ介護していた。

お義父さんは遠洋船に乗ってて、粋な人で、若い頃はモテたらしい。歳を取って寝たきりになって、阿木さんが介護することになったんだけど、なんせ昔の男だからワガママなところもあったみたいだ。

肉体的にも精神的にもさぞやたいへんだっただろうし、腹の立つこともあったと思う。だけど彼女は「私はお義父さんの3つの言葉で救われた」って言うんだよ。

その3つの言葉っていうのは**「ありがとう」「すまないね」「惜しいなあ」**。お義父さんが日常的にこう言ってくれたおかげで、苦労と思わずに介護を続けられたとも言ってたな。

「ありがとう」と「すまないね」は、さっきの「極意その6」でも出てきた。笑顔で「ありがとう」って言うことで、介護している側がどんなに救われて、どんなに力を与えられることか。「すまないね」とねぎらうことで、あなたがたいへんな思いをしていることはちゃんとわかってますよ、ということが伝わる。

3つ目の「惜しいなあ」は、介護する人が失敗したときに、笑顔と一緒に言いたい言葉だ。食事にせよお風呂にせよ着替えにせよ、されてる側は体が思うようにいかないから、ちょっとした失敗は付きものだ。「何やってんだ！」って怒ったら、失敗したほうはますます萎縮しちゃうし、お互いに気まずい思いをすることになる。

そんなときに「惜しいなあ」って言えば、「もっと君は上手にできるはずなのに、今回は惜しかったね」っていう意味になるよね。ちょっとした笑いも生まれそうだ。日頃からそういう雰囲気を作ったほうが、気持ちよく介護してもらえる。言ってみれば、生きる知恵だな。

　俺はこの話を聞いてから、介護施設とかに行くとそこのジジイやババアに「いいか、3つの言葉を言うんだぞ」って伝えてるんだ。**「さっそく、お世話になってる職員さんに『ありがとう』って言ってみよう。せーの」**って呼びかけて言わせたりもする。そうすると、普段はそんなこと言われたことがないから、職員さんたちが目に涙をいっぱいためて喜んでくれるんだよね。

極意その9　年寄りが目指したいのは「民芸品」

「民芸品」っていうのは、各地域の生活の中から生まれてきて、昔から日常的に使われている手工芸品のことだ。タンスにしても椅子やテーブルにしても湯呑にしても、新しさや豪華さはないけど、使い勝手がよくて生活の役に立つ。

　年寄りは「民芸品」になるといいと思う。どっかの国から輸入してきた家具や食器みたいに、「ほら、俺はすごいだろ」と自分の存在をことさらアピールする必要はない。**民芸品みたいに、置いといても目立たない、ましてや邪魔にもならない、使いようによっては役に立つ。そのぐらいがちょうどいいんだよ。**

でも民芸品っていうのは、当たり前のような顔をしているけど、どれも長年の知恵やノウハウが詰まってる。実はすごい存在なんだ。

年寄りだって、ひとりひとりがたくさんの知恵やノウハウを持ってる。若い人たちがそれを必要とするなら、どんどん伝えてやればいい。自分だってもともと誰かから受け継いだものなんだから。

以前、ギニア出身のオスマン・サンコンさんに教わったんだけど、アフリカのガーナには**「年寄りがひとり死ぬのは図書館が一軒焼けるのと同じ」**ということわざがあるらしい。いい言葉だよな。

どの年寄りにも、ひとりひとり図書館一軒分の知識や経験がある。魚屋なり畳屋なりをやってたジジイは、魚や畳については誰よりも詳しい。洋裁に詳しいババアもいれば、子育ての経験がぎっしり詰まっているババアもいる。威張るようなことじゃないかもしれないけど、誰もが自分に自信を持っていいんだよ。

民芸品に話を戻すと、自己主張がないところがいい。俺をもっと使えとか、いいところに置いておけとか言わずに、さりげなくそこにある。昔のやり方に固執しないのもいい。湯呑もいいけど、コーヒーを飲むんだったら取っ手があるほうがいいとか、時代ごとの暮らしに合わせて、柔軟に形を変えることができる。

「民芸品みたいな年寄りになろう」と思えば、ちょうどいい謙虚さと、ちょうどいいプライドを持つことができそうだ。自分をブランドの一点モノだと勘違いしてる年寄りは、扱いづらくてしょうがないよ。

極意その10　会話や笑顔という水と肥料で愛情や尊敬という木が育つ

これは、とくに家族の中で心がけたい極意だ。「家族のあいだに遠慮や気遣いなんていらない」と思ってるようじゃ、いつ家族に見放されても仕方ない。「親しき仲にも礼儀あり」ということわざは、家族にこそ当てはまる。

いつも顔を突き合わせている相手とケンカしないために大切なのは、会話と笑顔だ

ね。人間、ムスッと黙ってると、怒ってるんじゃないか、自分に何か言いたいことがあるんじゃないかって、相手はどんどん疑心暗鬼になっちゃう。

面白い話なんてしなくていいんだよ。ニッコリ笑って「おはよう。今日もいい天気だね」だけでぜんぜん違う。「おっ、今日は冷ややっこか」って見たままを口にするだけでもいい。「今日の豆腐は一段と白いね」ぐらい言えたら上出来だ。

ぜひ実行してほしいのが、穏やかに話すってこと。俺もつい声がでかくなっちゃったりすることもあるけど、夫婦にせよ親子にせよ、まずはお互いが穏やかに話そうと心がけることで、会話が何倍にも増えるはずだ。すぐ声を荒らげたり、イライラを顔に出したりするような相手とは、いくら家族でも話したくないもんな。

家族だからって、愛情や尊敬がひとりでに生まれるわけじゃない。**会話と笑顔という水と肥料をせっせとやり続けて、愛情や尊敬という木が大きく育っていく。**

といっても、うまく話したり笑ったりできないこともある。不器用なタイプもいるから、お互いにいがみ合うんじゃなくて、いいところを見つけ合うのが大事だ。さっそく、家族のいいところを積極的に探してみよう。

極意その11　ありのままを受け入れる

年寄りに限らないけど、人それぞれ置かれた境遇はいろいろだ。健康状態も経済状態も違えば、家族環境も違う。誰だって不満を言い出したら、いくらでも言いたいことはあるだろう。だけど、不満を言ったからって現状が変わるわけじゃない。なおさら気持ちが沈むことはあっても、気持ちが晴れることはない。

まずは、ありのままを受け入れよう。**せっかくの「余生」なんだ。人をうらやんだり、世の中に怒りを覚えたりすることにエネルギーを使ってたら、もったいないじゃないか。**そんな年寄りとは誰も話したくないし、何より自分が楽しくない。

自分では変えられないものにこだわって心乱されるより、人との接し方とか物事のとらえ方とか毎日の生活リズムとか、自分でどうにかできることに手を付けよう。仏教でいう「諦観」の境地だな。「諦」って字が入ってるけど、あきらめるのとは違う。本当に大事なものを見極めようって意味だ。

日野原重明先生が１００歳を越えてから、心臓に異常が見つかった。手術したほうがいいかどうかアメリカで医師をやってるせがれに相談したら、「その年齢で大きな手術をしたら、体に負担がかかってよくない」って意見だった。それで「これからは車椅子を利用すればいい」とアドバイスしてくれたらしい。

日野原先生はせがれの意見を聞き入れて、車椅子生活をスタートさせた。それまでもまわりは車椅子を勧めてたんだけど、目立つのは嫌だっていうんで使ってなかったんだよね。だけど「時期が来たか」ということで、変化を受け入れた。

車椅子を使い始めてしばらくした頃に会ったら、ニコニコ笑って「マムシさん、車椅子はいいよ」って言ってる。「みんなが親切にしてくれるんだよ。目線が低くなるから、今までは気づかなかったものも見えるしね」って。

それは先生の茶目っ気でもあるし、自分の役割を考えた発言なんだなと俺は受け取った。**先生が楽しそうに車椅子に乗っていたら、車椅子を使っている人たちが嬉しい気持ちになる。**「ああ、日野原先生は車椅子を喜んでくれてるんだ」って。もし「車椅子なんかに乗せられちゃった」って不満を漏らしたら、車椅子を使っている人たちは悲しい気持ちになる。

どんなときも「今の自分」を楽しもうという姿勢も立派だし、「今の自分」にできる役割をきっちり果たそうとするところも、さすが日野原先生だなと思ったね。

極意その12　独りでいることを楽しめる年寄りになる

「愛される年寄り」になるには、逆説的に聞こえるかもしれないけど、独りでいることを楽しめなきゃいけない。**独りを楽しめるからこそ、誰かとの時間も楽しめるし、人との適度な距離を保てる。**好奇心が旺盛だったり何か趣味を持っていたりもするから、そういう人はいくつになっても魅力的だよ。

たまに「誰かと一緒じゃないと酒を飲んでも楽しくないんだよ」とか「遊び相手がいないと退屈でしょうがない」なんて言ってるのがいる。はっきり言っちゃうと、独りが苦手なヤツと酒を飲んだり遊んだりしても、面白かったためしがない。

なんていうか、最初から「さあ、俺を楽しませてくれ」って思ってるんだよね。どうすればこの場が楽しくなるか、どんな面白い話題を提供できるかなんて、まったく考えてない。人を楽しませられないし、自分でも自分を楽しませられないから、独りを退屈だと思っちゃうんじゃないかな。

だから、独りでいることを楽しめるかどうかっていうのは、けっこう重要なポイントなんだ。本を読むのもいいし、映画を観るのもいい。**プラモデルを作ったり編み物をしたりすれば、ボケ防止にもなりそうだ。**ただし、独りで酒ばっかり飲んでるのはよくない。歯止めが利かなくて、間違いなく体を壊しちゃうだろうね。

＊　＊

■「愛される年寄り」を目指すのは、早ければ早いほうがいい

いろんな極意をあげたけど、**忘れちゃいけないのは、愛されるいい年寄りには急にはなれないってことだ。**80を過ぎてから「よし、頑張るぞ」と思ったって、無駄とは言わないけど、成果を発揮するチャンスは少ない。自分を変えるのも、60代より70代、

70代より80代と、どんどん難しくなっていくしね。

「愛される年寄り」を目指すのは、早ければ早いほうがいい。思い立ったが吉日、善は急げだ。少しでも若いうちからせっせと徳を積んでおこう。

　いろんな人に会って話を聞くとか、いろんなところに出かけて見聞を広めるとか、ここにあげたことを参考に、公平なものの見方やユーモアを心がけるとか。取っつきやすそうなところから始めてみてくれ。

　以前、万葉学者の上野誠先生に、こんな歌が「万葉集」にあると教えてもらった。

「物皆は新しき良しただしくも人は古《ふ》りにし宜しかるべし」（詠み人知らず）

　そんな大昔の人が、物は何でも新しいほうがいいけど、人間だけは古いほうがいいと言ってくれているわけだ。年寄りはもっと自信を持とうじゃないか。

「よし、やるか」と思って行動を起こせば、頑張ることが楽しみになるし、頑張っている姿は、それ自体が魅力的だよ。**「命長し、恋せよ年寄り」**だ。うーん、これじゃあ語呂が悪くて歌にならないな。ハハハ！

あとがき

この本は世のジジイやババアに向けた俺なりの「恩返し」だ

読んでくれてありがとう。元気になってもらえたかな。

この本を手に取ってくれた年寄りは、じつは心配ない。まだ悩みは解決していないとしても、それをどうにかしたい、これからもっと「いい人生」を送りたいという意欲があるから、手に取ってくれたわけだ。きっとうまく行くよ。

あなたが若い世代だとしたら、未来は間違いなく明るい。親との関係をよくしたい、親を助けてあげたいと思ってくれている。その気持ちがあれば、悪いようにはならないはずだ。自分が年寄りになったときの、いい予習にもなっただろう。

もし友達や同僚が、ここにあるような悩みを抱えていたら、俺の回答をどんどんパクってアドバイスしてやってくれ。「マムシがこう言ってた」でもいい。そのほうが本の宣伝になるな。ま、助かる人がいるならどっちでもいいよ。

年寄り自身の悩みを見ても、年寄りに関する若い人の悩みを見ても、どうやら「年寄りが意識を変えられないこと」が原因になっているケースが多い。夫は妻に威張っていていい、長男は特別である、結婚しないと幸せになれない、家事や子育ては女の仕事だ、子どもは親を無条件で大切にすべきである……。

　時代は変わったし、若い人たちの考え方も変わった。迎合するってことじゃなくて、変えたほうがいいことや間違っていたことは、意識も行動もどんどん変えていったほうがいい。年寄りに大事なのは、柔軟性と相手の気持ちに対する理解力だ。

　頑《かたく》なに昔の考えにしがみついていたって、誰も「たいしたもんだ」なんて感心しちゃくれない。「厄介な年寄りだな」と思われて相手にされなくなるだけだ。意識を変えれば、見えてくる景色も変わる。変わるは人のためならず、だよ。

　それにしても不思議なもんだ。役者の道に進んで、「ウルトラマン」や「ウルトラセブン」では〝正義の味方〟の役を演じた。談志に言われて「笑点」の座布団運びもやった。１９６９（昭和44）年から始まったＴＢＳラジオの生中継では「ジジイ」「ババア」を連発してきた。そしたらいつのまにか、自分もジジイになった。

　何度も言うけど、俺にとっちゃ「ジジイ」「ババア」は敬称なんだ。誰よりもジジイヤババアの味方のつもりだし、俺に会ったり声を聞いたりすることで元気になってほしいと願っている。そもそも、これまでジジイやババアから、たくさんのことを教わってきた。愛情と尊敬の気持ちを込めて「ジジイ」「ババア」と言ってるんだ。

この本を、すべてのジジイとババアに捧げたい。世のジジイやババアに向けた俺なりの「恩返し」だ。ジジイとババアと、そしてまわりで支えている人たちが、少しでも笑顔になってくれたとしたらとっても嬉しい。「恩を仇で返した」なんてことにならないように、役に立つ部分をどうにか探してくれ。

俺はまだまだくたばる気はない。これを読んでくれたジジイやババアも、なるべくくたばるんじゃないぞ。もうしばらく、この世でしぶとく遊ぼうじゃないか。

すべてのジジイとババアに幸多かれ。ついでに俺にも幸多かれだ。ハハハ！

2023年5月

毒蝮三太夫

※本書は、株式会社小学館が運営するｗｅｂサイト「介護ポストセブン」に連載していた「ジジイやババアとちゃんと話す技術」（２０１９年10月1日〜２０２１年３月２日）と、同サイトで好評連載中の「マムちゃんの毒入り相談室」（２０２１年３月16日〜）を元に、大幅に加筆修正して再構成したものです。

毒蝮三太夫（どくまむし　さんだゆう）

1936年東京生まれ。俳優・タレント。聖徳大学客員教授。日大芸術学部映画学科卒。「ウルトラマン」「ウルトラセブン」の隊員役など、本名の「石井伊吉」で俳優としてテレビや映画で活躍。「笑点」で座布団運びをしていた1968年に、司会の立川談志の助言で現在の芸名に改名した。1969年10月からTBSラジオの「ミュージックプレゼント」でパーソナリティを務めている。87歳の現在も、ラジオ、テレビ、講演、大学での講義など幅広く活躍中。著書に『毒蝮流！ことばで介護』（講談社＋α新書）、『たぬきババアとゴリおやじ　俺とおやじとおふくろの昭和物語』（学研プラス）など。

文春新書

1408

70歳《さい》からの人生相談《じんせいそうだん》

2023年5月20日　第1刷発行

著　者　　毒　蝮　三太夫
発行者　　大　松　芳　男
発行所　株式会社　文　藝　春　秋

〒102-8008　東京都千代田区紀尾井町3-23
電話（03）3265-1211（代表）

印刷所　　理　想　社
付物印刷　　大　日　本　印　刷
製本所　　大　口　製　本

定価はカバーに表示してあります。
万一、落丁・乱丁の場合は小社製作部宛お送り下さい。
送料小社負担でお取替え致します。

ISBN978-4-16-661408-0